Forlag: BoD – Books on Demand, København, Danmark
Tryk: BoD - Books on Demand GmbH - Norderstedt, Tyskland
ISBN 978-87-7170-080-0

Indhold

Forord

Tanken om at skrive en bog om Durup er ikke ny. Og faktisk er der flere, der har skrevet bøger eller hæfter om egnen. Eksempelvis er der 'Bogen om Nautrup' og 'På Lars Tyndskids mark', ligesom der findes ikke-publicerede livshistorier.

I disse bøger og ikke publicerede skrifter findes der en masse fine billeder fra både gammel og ny tid.

Denne bog er anderledes...

Fra første færd har jeg ønsket at skrive en fiktiv historie. Og gennem interviews med forskellige personer, der ved noget om byen, blev det stadig mere klart, at bogen skulle holde sig strengt til den frie fantasi, da det ellers blev en bog om personlige beretninger, hvilket aldrig har været min hensigt.

Billederne skal du, min kære læser, selv skabe. Jeg vil naturligvis gøre mit til, at det bliver let for dig at skabe billederne undervejs, mens du læser.

Den meget faktuelt prægede bog, billedbogen eller bogen med øjenvidneberetninger om Durup har sikkert også en interesse – om end interessen nok begrænser sig til dele af Durup samt historieinteresserede generelt. Det er ikke en sådan bog, du har fået fingrene i.

Dog er der en kort faktadel bagest i bogen. En faktadel som du kan bruge til at få et overblik over de mest skelsættende begivenheder i byens historie.

Denne faktadel vil senere blive udgangspunktet for et brætspil om byen.

Jeg har også fundet plads til en række små skæve historier, som jeg er stødt på under mit forarbejde til bogen. Mange af disse små korte anekdoter er så morsomme eller bare tankevækkende, at jeg ikke vil snyde dig for dem.

'Men hvad er det egentlig for en bog, jeg sidder med', spørger du måske?

Det er en bog, hvis hovedformål er at underholde dig. Samtidig håber vi, at den kan være med til at skabe lidt opmærksomhed omkring Durup og give dig, der ikke kender Durup, lyst til at vide mere om denne gæve by.

Hvor kom det 'vi' fra?

Jo, ser du. Durup Sparekasse Fonden har været så venlig at støtte op om bogens tilblivelse – uden fonden var bogen ikke blevet til noget. Så den skal have en stor tak!

Og mens jeg er ved takkeriet, vil jeg også rette en lige så stor tak til alle dem, der på hver sin måde har bidraget med inspiration – ikke mindst alle dem, som tog sig tid til at lade sig interviewe af undertegnede.

Men nu tilbage til Durup Sparekasse Fonden og jeg.

Vi har aftalt, at bogen skal handle om de mest centrale begivenheder i Durups historie.

Det er der kommet fem fortællinger ud af – og jeg har valgt at anlægge en humoristisk vinkel. Selvom der måske ikke er meget grin i 'etablering af jernbanen', 'Durup Sparekasse', 'møbelindustriens betydning', 'Mejeriet' og 'det moderne Durup', så har jeg alligevel vovet pelsen.

Historien indledes og fortælles af en ældre herre, der ingen som helst relation har til nogen borger i Durup. Det tætteste man kommer på en sammenligning er til en anden fiktiv person, som optræder i min gode ven (og onkel) Jens Alexandersens bog 'Mig og Ronny'.

For bogens øvrige fiktive persongalleri gælder tilsvarende, at der ikke er nogen sammenhæng med virkelighedens durupborgere. Og jeg må på det bestemteste afvise enhver gisning om, at undertegnede er at sammenligne med Bob, som er en af hovedpersonerne i fortællingen om det moderne Durup!

Jeg håber, at jeg med disse fem fortællinger får dig til at trække på smilebåndet i ny og næ – og måske slå en latter op, hvis det bliver nødvendigt.

Til gengæld gør jeg mig ingen forhåbninger om, at jeg dækker den fulde historie om Durup og ej heller, at mine fortællinger er sande. Men de bærer alle en gran af sandhed i sig – eksempelvis digter jeg ikke, når jeg lader min hovedperson fortælle, at stationen blev indviet i 1884 eller når selvsamme person beretter, at der var en kattens masse møbelvirksomheder i Durup i 50'erne og 60'erne.

Så du kan nok ikke helt undgå at blive lidt klogere på Durup, mens du underholdes.

-

Jeg havde en gang fornøjelsen af at læse Flemming Jensens 'En vejledning i Sælfangst'.

Nu skal jeg ikke bilde hverken dig eller mig selv ind, at jeg er lige så morsom. Men jeg har samme udgangspunkt: Jeg ønsker at underholde dig, ikke moralisere eller pådutte dig bestemte holdninger.

Min hovedperson har bestemte, stærke og skæve holdninger. Men jeg tror, at du let vil kunne gennemskue ham og derfor blot tager det som den underholdning det er.

Jeg ønsker samtidig at bidrage til at se glæden både ved det, der var engang, det der er nu, og det der tegner sig i horisonten.

For Durup har altid været og er fortsat en driftig landsby, hvor der arbejdes hårdt på at få det bedste ud af det potentiale, vi nu engang har.

Og så er Durup en by, hvor der er sammenhold og engagement.

Se blot på byfornyelsesprojektet, som virkeligt har løftet byen. Et projekt, som er blevet virkeliggjort af et helt unikt samarbejde mellem frivillige og professionelle.

Folk over 40 år som enten selv har oplevet eller af deres forældre har fået fortalt om Durup 'i de gode gamle dage', vil nok sige, at det bare er gået ned ad bakke i ganske mange år.

Men man er nødt til at huske på, at der overalt i landet – selv i København – er lukket et hav af butikker og andre virksomheder som led i den industrielle og moderne udvikling.

Nu er moderne jo nok lidt af et fyord på nogle kanter, men også Durup skal følge med tiden – og det gør Durup i meget høj grad.

Et fantastisk eksempel er etablering af børnehaven 'Børnegården' med 44 børn i 1995. I dag, 20 år efter, er der 64 børn og stedet er anderkendt i vide kredse, som et helt unikt tilbud til børn.

Durup er også byen, hvor en gruppe erhvervs-virksomheder har sat sig for sammen at gøre en ekstra indsats for byens fremtid. Netværksinitiativet har de kaldt 'Vækst i Durup'.

Nu skal jeg jo ikke frarøve dig handlingen i bogens sidste fortælling, men derimod blot understrege, at en positiv udvikling bestemt er mulig – også for Durup.

For husk på, at 'intet er umuligt for den, der bærer viljen i hjertet'.

I Durup, har vi masser af viljestyrke og masser af hjerterum – det er faktisk en del af vores DNA, som med tre ord kan opsummeres til sammenhold, engagement og virkelyst.

Rigtig god fornøjelse med bogen.

Bedste hilsner

Thomas Rosenkrands

En gammel særling

Det var en smuk solskinsdag denne råkolde søndag i februar. Solen stod højt på himlen og der var ikke en eneste sky i sigte. Antonsen kiggede ud af vinduet og nød synet af de legende børn på multibanen.

Han savnede af og til tiden, hvor mejeriet lå på netop denne plads og gav aktivitet og arbejdspladser til byen. Antonsen var nemlig selv mejerist det meste af sit arbejdsliv – de fleste år tilmed i Durup.

Men tiden havde ændret mange ting, som tiden jo har for vane at gøre. Antonsen glædede sig over, at pladsen nu havde fået nyt liv i stedet for blot at rumme en nedslidt og uvirksom bygning.

Efter at have betragtet de blåfrosne ungers fodboldkamp en lille stund, skænkede Antonsen sig dagens tredje krus kaffe. For kaffe var hans helt store last. Og det havde jo nok også været OK, hvis ikke det var fordi han foretrak den særdeles sød og stærkt fortyndet med fløde. Han havde forsøgt med sødemiddel og mælk, men det var jo ikke rigtigt det samme. I stedet bestræbte han sig på at holde forbruget på en kande dagligt. Eller svarende til 6 krus.

Antonsen kom de sædvanlige 3 teskefulde sukker med top og et ordentlig skvæt fløde i og rørte veltilpas rundt.

Som vanligt var han vågnet præcis klokken 7 for at ile ned efter avisen, der var fast ritual til morgenmaden hver søndag.

Han kunne meget let bruge 2 timer på at gennempløje søndagsavisen og fandt særligt meget fornøjelse ved at harmes over tåbelige holdninger i læserbrevene.

Nu var morgenritualet ovre og blodtrykket normaliseret. Derfor var tiden kommet til dagens opgaver, som ikke indeholdt meget andet end et bad og en gåtur. Jo, for resten. Der var også lige et møde, men det var først efter aftensmaden.

Med morgenfriske skridt bevægede han sig ud på badeværelset. Han tog alt tøjet af og stod lidt og betragtede sit eget spejlbillede.

'Du ser lidt træt ud, gamle dreng', sagde han halvhøjt og smilede. Årene havde sat sine tydelige spor. Håret var nærmest hvidt og rynkerne mangfoldige. Kroppen var fortsat ganske slank – ikke mindst når man tog sukker- og flødeindtaget i betragtning.

Men det var egentlig ikke helt så mærkeligt, at staturen fortsat var nydelig. For Antonsen havde alle dage sat en ære i at holde sig i god form. Og efter at alderen for længst havde passeret de 70 og bentøjet nægtede at fortsætte løberiet, var Antonsen begyndt at gå lange ture.

Sædvanligvis gik han en rask tur af naturstien, mens han funderede over, hvor mange mennesker den gamle jernbanestrækning mon havde fragtet i sine aktive år.

Det var jo en fantastisk smuk rute. Eneste ulempe var vinden, som på grund af det åbne landskab godt kunne bide lidt i ansigtet. I øvrigt var det som om, at der altid var modvind. Men det måtte være indbildning, for det kan jo ikke lade sig gøre, når man går frem og tilbage – og man ikke er væk så længe, at vinden når at skifte retning.

Antonsen åbnede for vandet og lod det blive tempereret. Så gik han ind under bruseren og badede lystigt, mens vand, shampoo og sæbeskum sprøjtede ud til alle sider. 'Jeg en gård mig bygge vil..', brølede han og skrubbede og skyllede det bedste han havde lært.

Efter et kvarters gennemgribende badning var badeværelset godt og grundigt dugget til. Han åbnede det lille vindue på klem, tørrede sig og hoppede i tøjet. I det samme bankede det på døren. Han ventede ikke gæster denne dag og undrede sig derfor over, hvem det mon kunne være.

I sin iver for at komme hurtigt ud af badeværelset var han nær snublet i sine snavsede underbukser. Han bandede over sine uovertrufne evner til at rode og sparkede ud efter underbukserne. Uheldigvis ramte han også dørens fodpanel og bandede nu ganske højlydt, mens han humpede hen imod døren.

Det bankede igen: 'Bedstefar, er du OK? Hvad sker der?', lød en bekymret barnestemme udenfor.

'Ja, ja. Jeg har det fint', råbte Antonsen og åbnede døren, mens han ømmede sig. 'Jeg slog mig bare på mine underbukser'.

'Bedstefar!', sagde barnebarnet og rystede smilende på hovedet.

'Kom indenfor i varmen', bød Antonsen og gav drengen et ordentlig kram. 'Hvad skyldes æren?', fortsatte han, da døren var lukket for vinterkulden.

'Bedstefar! Hvorfor siger du altid sådan nogle mærkelige ting?', spurgte drengen.

'Det er såmænd bare sådan man taler. Men lad mig prøve at omformulere. Hvad så der? Er det sådan I unge taler?', sagde Antonsen og forsøgte sig samtidig med et par voldsomme og ret så moderne fagter, som var faretruende tæt på at ramme drengens ansigt.

'Måske. Jeg vil bare gerne høre nogle af de gode historier, du plejer at fortælle'.

'Nå sådan. Jamen jeg ved søreme ikke, om jeg uden videre kan ryste en historie ud af ærmet på sådan en kold søndag', begyndte Antonsen, mens drengen kiggede forventningsfuldt på ham. 'Men siden du nu er kommet hele vejen ovre fra den anden side af gaden, vil jeg da gøre et forsøg. Men først skal vi have kaffe!'.

Antonsen var ikke helt sikker på, at det var passende at byde 10 årige drenge på kaffe. Derfor sørgede han altid for at komme rigelige mængder fløde og sukker i – også i drengens krus. For han vidste, at 10 årige drenge i hvert fald måtte få både sukker og fedtstof.

Behørigt udstyret med kaffe, sukker og fløde satte de sig begge til rette i Antonsens lille sorte lædersofa.

’Nå min ven, hvad kunne du tænke dig at høre om?’, spurgte Antonsen og tog en ordentlig sluk af sin kaffe.

’Det med jernbanen’, svarede drengen.

’Jo ser du’, begyndte Antonsen.

’Det skete jo tilbage i det forrige årtusinde…’

Vi skifter spor!

'Det skete i det Herrens år 1879 eller deromkring, at man for alvor begyndte at gøre noget ved de snakke, man havde haft om jernbanen.

Der var nemlig i Salling en stor interesse for at gøre transportmulighederne bedre og større. Vi havde blandt andet bønderne, som var interesserede i lettere at få fragtet deres dyr sydpå – altså til Tyskland, ikke til Mallorca og den slags.

Samtidig ville en jernbane i Salling fremme Sallingssunds fiskeres muligheder for at sælge deres fangst. Desuden ville øget handel i det hele taget være godt for området – tilmed også for naboerne på Mors, som også var ret så interesserede.

Så med et moderne udtryk var jernbanen ren 'win-win'. Og dog, der var selvfølgelig de ulemper, at nogen skulle sælge deres jord til projektet, så jernbanen kunne bygges.

Det gav efter sigende lidt udfordringer for nogle landmænd, hvis jorde kom til at ligge på den forkerte side af banen.

Men sådan er det knægt. Nogle må betale prisen for udviklingen. Det er jo ligesom i dag, hvor vi gamle tvinges til at bruge digitale løsninger, som fanden har skabt!'. Antonsen benyttede altid enhver lejlighed til at harmes over det offentliges 'tvangsdigitalisering af sagesløse borgere', som han yndede at kalde det. Han var i øvrigt selv ganske ferm ved en pc, men fandt stor glæde i at kunne harmes på andres vegne.

Han tog en slurk kaffe efterfulgt af en dyb indånding, inden han fortsatte sin beretning.

'Det var altså på denne tid, at man påbegyndte arbejdet med en jernbane, som blandt andet skulle gå gennem Durup. Eller rettere: Den skulle også gå igennem det, der senere blev til Durup.

For dengang kan man virkelig tale om '3 gårde og et fælles lokum'. Ja faktisk er jeg ikke en gang sikker på, at der overhovedet var et fælles lokum! Og jeg er heller ikke helt sikker på, at der var 3 gårde i det område, der senere blev til Durup.

Nå, men jernbanen blev besluttet til at løbe der og stationen blev placeret i 'Durup'. Dengang var der en masse stop undervejs, for man havde jo ikke alle disse nymodens automobiler til at transportere sig med.

'Automobiler?', spurgte drengen.

'Ja. I dag er der ikke mange, der bruger dette ord. I stedet siger man biler. Men jeg synes, at automobil er sådan et herligt ord og jeg finder det skammeligt, at det ikke anvendes oftere.

Nå. Men dengang havde automobilen endnu ikke holdt sit indtog som foretrukket transportmiddel – det havde jernbanen nu heller ikke.

I stedet anvendte man hestevogn eller gåben. Og en tur på bare 5 kilometer kunne snildt vare flere timer – dels fordi det gik langsomt med hestevognen og endnu langsommere på gåben og dels fordi man ikke bare lige tog af sted for at handle småting.

Hvis man skulle bevæge sig 5 kilometer væk fra hjemmet, så skulle der virkelig være noget at komme efter. Og her tænker jeg ikke på et godt tilbud på 2 kilo hakket oksefars. Nej, det skulle være noget, som man simpelthen ikke kunne undvære eller undgå. Eksempelvis den nødvendige proviant, som man ikke selv kunne lave eller købe på hjemegnen eller hvis man skulle i krig eller til det store årlige hestemarked på naboegnen.

Det var derfor nødvendigt med mange små stationer for at gøre transporten hurtigere og billigere. Hvis man i stedet kun havde lavet 1 eller 2 stop mellem Skive og Glyngøre, så var de lokale folk aldrig kommet i gang med at bruge jernbanen – for så langt rejste man ikke dengang. Hvis folk fra egnen skulle til Staden dengang, taler vi ikke København, men snarere Skive.

Foruden folks rejsevaner – eller mangel på samme – var det også en vigtig del af udviklingen på landet, at der blev etableret en jernbane med tilhørende stationer.

For man vidste allerede dengang, at stationerne ville føre en masse aktivitet med sig, idet der med tiden ville skyde små byer op omkring stationerne.

Så du kan jo nok forestille dig, at det var vigtigt med et stop i en lille flække som Durup.

Allerede da man vidste, at der kom en jernbane, begyndte udviklingen. En driftig købmand besluttede sig for, at der skulle være både kro og købmand lige ved siden af stationen – og selvfølgelig en stald til hestene og foder til dyrene.

Det hele blev skudt officielt i gang i det Herrens år 1884, hvor jernbanen blev indviet.

Og du kan tro, at det var et syn for Guder at se damplokomotivet komme spruttende og harkende. Der stod damp ud til begge sider og det var endog ikke helt ualmindeligt at lokomotivet også spyede ild! Ja, der var jo næsten tale om en jerndrage, der kom rullende til Durup.

Denne åbningsdag gav ilden ikke anledning til brand – det var efter sigende en regnvejrsdag. Men det skete af og til, at ilden fra damplokomotivet antændte det tørre græs langs banen.

Om det i virkeligheden var dette ildspyeri, og ikke børns leg med tændstikker, der førte til en senere brand på stationen, skal jeg lade være usagt.

Men det var en skelsættende begivenhed, da jerndragen kom til Durup med hornorkester, dobbeltlokomotiv og hele balladen – selvom de fremmødte nok mest af alt tog det for den underholdning det trods alt også var at se dette, på disse kanter, meget specielle og særdeles nymodens transportmiddel.

Den officielle åbning af jernbanen var også et vigtigt startskud for købmanden og kroen, som kunne frekventeres under samme tag.

At have kro og købmand under samme tag var dog såre almindeligt dengang. Hermed kunne sultne og drikfældige folk blive serviceret, når de kom forbi Durup for at handle, drikke eller slås – eller måske det hele på en gang!'.

'Hvad betyder drikfældige – og hvorfor kom folk for at slås?', afbrød barnebarnet.

'Ser du, min ven. Drikfældige betyder, at man godt kunne lide at få en ordentlig bøhmand på. Eller som de unge siger nu om dage: 'Drikke sig i hegnet'. Det sagde man ikke dengang, for der var ikke noget hegn at drikke sig i!

Der var heller ikke hverken i-pads, TV-kanaler – ja ikke engang statsradiofonien var opfundet dengang!'.

'Statsradiofonien?'.

'Nå ja, Danmarks Radio eller DR', forklarede Antonsen og fortsatte. 'Den eneste underholdning man havde dengang, var den, man selv stod for eller den man kunne liste eller provokere sig til. Og ikke sjældent var det et slagsmål, der var underholdningen – eller endnu bedre, hvis man kunne starte et og så stå og kigge på. Så var det jo næsten som at se en god John Wayne film nu om dage.

'John Wayne?'.

'Nå ja. Altså en actionfilm – med en meget stor filmstjerne!'.

'Bedstefar, jeg er jo ikke gammel nok til at se den slags film. Men jeg tror godt, at jeg forstår. Det er ligesom at spille Roblox og sådan'.

'??'. Nu var det Antonsens tur til at se spørgende ud. 'Øh ja. Netop. Nå, men så kunne man altså tage ned til kroen – i første omgang for at drikke og senere for at se om der var nogle, der ville slås.

Og det var ikke svært at komme i klammeri. Det var nok bare at støde lidt ind i folk – uden at sige undskyld bagefter. Eller man kunne genere et kvindfolk, hvis et sådant havde forvildet sig ind på kroen. Eller man kunne tage en anden mands plads.

Mulighederne var mange, for folks ære var meget følsom og næverne sad løst. Dette gjaldt ikke kun i Durup, men var et generelt kendetegn. Samtidig kunne man glæde sig over, at det ikke var Det Vilde Vesten, hvor ikke kun næverne, men også pistoler og knive sad løst.

Kunne du tænke dig at høre om et vaskeægte slagsmål?', spurgte Antonsen lettere henkastet.

'Ja!', svarede barnebarnet entusiastisk.

'Okay. Lad mig se', begyndte Antonsen og gned sig på hagen. 'Jo. Nu har jeg det.

Det var en varm aften i juni måned for langt over 100 år siden og der var en del mennesker på kroen den aften, for der havde været et hestemarked på de kanter.

Luften var tung af sved. Eller rettede, det lugtede ligesom det plejede: Af svedige mænd, der kun modvilligt gik i bad – og højst om søndagen inden kirkegang.

En gæv gut ved navn Hans Hansen var taget ind på kroen efter dagens dont. Han var fremmed på egnen og havde nu afsluttet den sidste dag med hestehandel. Han skulle derfor hjem næste dag.

Hans Hansen ville lige skovle sig et måltid mad og inhalere et stort krus øl, inden han krøb til køjs – eller hvad man nu gjorde dengang.

Men der var uller i mosen den aften.

'Uller?'.

'Nå ja, I unge nu om dage siger jo ugler, hvis I overhovedet bruger det udtryk', sagde Antonsen med et strejf af arrigskab, inden han fortsatte i et mere roligt leje. 'Men det kommer sig faktisk af ulve og et gammel jysk udtryk, hvor man altså brugte ordet uller om ulve.

Nå, men sagt på en anden måde, så var der noget på færde eller under opsejling. Eller der ville snart ske noget'.

Antonsen kunne se på drengen, at han nu atter var med.

'Mens Hans Hansen sad der og spiste sin mad og drak sin øl, kom der 2 velvoksne og højlydte unge mennesker ind på kroen.

Nu havde man ikke for vane at blive så høj dengang – og i øvrigt heller ikke så højrøstet. Men efter omstændighederne var de temmelig høje og ganske larmende, de 2.

Den ene var ret så bred, uden dog at være det mindste fed, mens den anden var noget mere spinkel af bygning. De lignede hinanden med deres blonde hår, blå øjne og markerede ansigtstræk og var sikkert brødre.

Tydeligvis var de ude på ballade og de skubbede sig vej til kroens udskænkning. Men det var ingen, der lige nu havde lyst til at lægge sig ud med de 2 unge mænd.

'2 store øl', råbte den brede, mens han så sig om efter en egnet emne, de kunne tryne.

Her var det, at han fik øje på den noget mere klejne Hans Hansen, som sad fordybet over sin aftensmad. De 2 brødre styrede direkte hen mod Hans Hansen og satte sig på de 2 ledige pladser, der var over for ham. Hans Hansen fortsatte ufortrødent sin indtagelse af mad og øl og så end ikke op.

'Du sidder på min plads', brølede den brede og efterhånden også vrede unge mand. Han var ikke vant med, at folk bare ignorerede ham.

Hans Hansen fortsatte med at spise. Nu manglede han kun en kartoffel og en lille pøl sovs.

'Er du døv?', råbte den brede mand og hamrede hånden i bordet, så Hans Hansens kartoffel røg udover tallerkenen og ned på gulvet, hvor den mellem myriader af ben trillede hele vejen over til det nærmeste vindue. Nu kiggede Hans Hansen op. Han havde glædet sig til den kartoffel og var derfor lidt muggen.

De 2 unge mænd rejste sig truende op. Det samme gjorde Hans Hansen – altså rejste sig op. Han kiggede den brede mand direkte ind i brystkassen. Han så op og nåede lige at se en stor knytnæve lægge an til landing i hans trætte ansigt.

Hans Hansen undveg behændigt ved at læne sig kraftigt tilbage. Desværre med den konsekvens, at han nikkede gæsten bagved en solid skalle. Havde gæsten bagved ikke vendt sig nysgerrigt om for at følge aftenens underholdning, ville han ikke have haft brækket næsen nu.

Den store, brede mand var tæt på at slå et ordentlig hul i luften, men endte dog med at ramme en tilfældig gæst, som i det samme gik forbi bordet.

Den uheldige gæst kastede sig straks ned på jorden og rodede efter den guldtand, der netop var blevet slået ud af munden på ham. Da han havde fundet den, rejste han sig glad op og fik så endnu et slag, der var tiltænkt Hans Hansen og måtte atter ned og rode efter guldtanden.

Den brede mand var træt af Hans Hansens undvigemanøvrer og tog derfor fat i hans skjorte. Han løftede ham op og kastede ham hen på nabobordet, hvor manden med den brækkede næse sad med sit selskab af 3 andre mænd. Hans Hansen landede oveni de næsten slikkede tallerkner og væltede desuden de halvtomme krus.

Og så kan det nok være, at der kom liv i gaden. For man kan brække folks næser og slå deres guldtænder ud – det var jo et uheld. Men forstyrre dem midt i maden og vælte deres øl. Nej, der gik grænsen.

Hans Hansen røg atter igennem luften og ramte den ende bror med sin albue og den anden med sit knæ – begge brødre blev ramt i ansigtet, hvorefter de væltede omkuld med Hans Hansen ovenpå.

'Udenfor' råbte krofatter og stillede sig truende med en stor grim kølle.

'Slagsmål foregår udenfor', gentog han, mens han taktfast klappede sig i hånden med køllen.

De 2 brødre rejste sig omtumlede op og indvilgede i at gå udenfor, da de så, at de 4 andre også var klar.

'Hvad med Hans Hansen?', spurgte drengen.

'Godt spørgsmål min dreng.

Hans Hansen var en væver lille fyr som hurtigt kunne flytte sig. Han var ikke sen til at give de 2 brødre hver et par knytnæveslag i ansigtet, mens de lå der på jorden. Herefter var han spænet op på sit værelse.

Så da krofatter kom med køllen, var Hans Hansen allerede over alle bjerge.

De 2 brødre fik deres slagsmål. Men de fik også prygl, for de 4 andre mænd var ganske ferme til at slås – og så gjorde det ikke de 2 brødres situation bedre, at manden med guldtanden og hans 2 kammerater også var klar på en lille nævedyst.

Nu var det jo langt fra hver aften, at der var slagsmål i byen. Men det skete indimellem. Og så havde folk noget at lade sig underholde med. Den aften lod mindst 40 mænd og muligvis også et enkelt kvindfolk sig underholde udenfor kroen'.

Antonsen gjorde holdt i sin beretning. Han var løbet tør for kaffe og rejste sig for at skænke sig et nyt krus.

'Hvad med dig, skal du have fyldt op?'.

Drengen havde stadig det meste af en kop tilbage, så han takkede pænt nej.

'Nå, hvor kom jeg fra? Jo, jernbanen. De første år var der ikke meget at komme efter i Durup – med mindre at man havde noget handel at gøre eller ville en tur på kroen.

Og som alle andre fremskridt igennem tiden, medførte også dette en vis portion skepsis. Man var som sagt vant med gåben eller rå hestekræfter.

Desuden havde jernbanen den ikke helt uvæsentlige ulempe, at man skulle betale med rede penge. Og det var et problem af mindst to årsager. For det første havde man ikke ret mange rede penge dengang. For man var vant med at kunne betale med 2 æg, et stykke kød en kop korn eller hvad man nu lige havde ved hånden.

Samtidig var man for det andet oppe imod almindelig jysk sparsommelighed tangerende til nærighed – for hvorfor i alverden bruge penge på toget til Skive, når man havde 2 raske ben at gå på?

Men stille og roligt tog folk jernbanen til sig, og over de næste 15-20 år kom der flere huse og forretninger til i takt med, at de eksisterende forretninger udviklede sig. Der blev således med tiden skabt en masse arbejdspladser – ikke mindst købmanden skabte en masse, idet han som sagt havde rigtig mange jern i ilden og både drev købmand, kro, hestehandel, foderstofforretning m.v. Men også Tømmergården og en række andre forretninger betød beskæftigelse til folk på egnen.

Og i sine velmagtsdage var Durup vokset til en by med alle de butikker hjertet kan begære – og flere til. Præcis ligesom andre stationsbyer af den størrelse havde dengang.

Tilbage i de dage havde du heller ikke store indkøbscentre, de kom først til mange år senere. Og det er en hel anden historie.

De Danske Statsbaner. Eller tillad mig at omformulere til nudansk', sagde Antonsen, da han så drengens spørgende ansigtsudtryk.

'DSB.

De havde en lidt anden tilgang til tingene i de gode gamle dage. De forsøgte rent faktisk at bidrage til udviklingen – og det lykkedes dem jo i vid udstrækning!

Eksempelvis etableredes sidespor som kunne understøtte den øgede pakhuskapacitet.

I dag er det jo som om, at DSB bare bakker baglæns', konstaterede Antonsen og sukkede dybt.

'Hvis de bakker baglæns kører de så ikke fremad?', spurgte drengen drillende.

'Ah. Du ved, hvad jeg mener!

Nå, men måske er det blevet tid til en lille tissepause?', konstaterede Antonsen retorisk og hastede ud på det lille hus, hvor han ladede sit vand med en sådan kraft at skummet stod højt og flot – og det meste af det tilmed i kummen.

Antonsen storsmilede og glædede sig stadig ustyrligt over effekten af det indgreb han fik foretaget en smertefuld dag for snart 10 år siden, hvor skralderværket pludseligt var dysfunktionelt.

Tilbage i sofaen fortsatte Antonsen sin beretning.

'Jeg har tit tænkt på, hvor mange der egentlig er kørt med toget igennem Durup', begynde han lommefilosofisk.

'Jeg har kun set tal fra den samlede Sallingbane og det var jo ikke alle, der skulle hele vejen. Og i øvrigt har jeg kun set nogle få tal – blandt andet, at der i 1929 blev indløst

140.000 billetter og blot 25 år senere 'kun' 90.000. Hvis vi nu anlægger et forsigtigt skøn, mon så ikke en 20.000 i snit har passeret Durup?', Antonsen fik nogle gevaldige panderynker, da han gav sig til at regne på det anslåede samlede passagertal.

'Det giver jo så... Lad mig se'.

'Den klarer jeg Bedstefar', sagde drengen og hev mobilen op af lommen. '20.000 x hvor mange år?'.

'Øh, lad mig se ... Det er så ... En i mente ... Tja ... Det må blive 86, nej 87 år!'.

'Det bliver så 1.740.000 passagerer!'.

'Det var dæleme mange! Nu er det jo en aldeles uautoriseret beregning. Men det er da tankevækkende, at hundredetusindevis af mennesker er kørt igennem Durup – man skulle jo næsten havde opkrævet bompenge!

Og der er da heller ikke noget at sige til, at jernbanen havde stor betydning for udviklingen – ikke bare i Durup, men i hele Salling.

Men Verden har det jo med at ændre sig, hvilket også skete for Durup og for jernbanen. Der skete nemlig det, at togtransporten stille og roligt blev udfordret af andre transportformer.

Er det egentligt ikke tankevækkende, at de største konkurrenter mod jernbanen i dens spæde start var to- og firbenede?

I dag er det de færreste, der kunne drømme om at gå fra Durup til Skive og retur – og endnu færre, der overhovedet evner det. For ikke at tale om at tage turen på hesteryg: Nu om dage er der ikke ret mange, der forstår at betjene sådan et kræ og endnu færre, der er i besiddelse af et!

Nå, men jeg kunne jo fortælle en masse om jernbanen og dens betydning for Durups udvikling. Men jeg synes i stedet, at jeg vil slutte af med at fortælle lidt om, hvad der egentlig skete, da jernbanen lukkede ned – for det skortede jo ikke på dommedagsprofetier.

Det sidste tog med persontransport kørte i 1971 – vist endda i maj. Der skulle dog gå yderligere en 6-7-8-9 år før det var endegyldigt slut med Sallingbanen.

For godstransporten fortsatte frem til i hvert fald 77. Faktisk er der lidt usikkerhed om, hvornår den sidste godstransport kørte, for beslutningen om nedlæggelse blev, så vidt jeg er orienteret, aldrig truffet officielt. Men lur mig om ikke det stoppede, fordi det ikke længere var den bedst mulige transportform på vore breddegrader.

Havde virksomhederne langs strækningen fortsat en tilstrækkelig økonomisk interesse i at anvende jernbanen, så var godstransporten såmænd fortsat.

Men der kom jo andre transportformer, ligesom at produktionen flyttede ud. Og dermed forsvandt grundlaget for jernbanen stille og roligt.

Men ved du hvad?

Det er jo ikke anderledes end at grundlaget stille og roligt er ved at forsvinde under Post Danmark. Det er en del af udviklingen – hvad enten man kan lide det eller ej.

I mine unge dage, ja faktisk helt indtil for 15-20 år siden, brugte man ikke e-mails, men derimod breve og telefax, meget af det tilmed skrevet i hånden!

Bruger I unge mennesker overhovedet håndskrift mere?', spurgte Antonsen – uden dog at have tænkt sig at høre svaret. Han fortsatte i stedet ufortrødent sin fortælling.

'For Durup og Salling skulle der ikke gå mange år, før man besluttede at anvende den gamle og mindefyldte strækning til noget så fornuftigt som en natursti.

Det betyder, at cykelturister nu har en anledning til at lægge vejen og deres købekraft forbi Durup – samtidig med at alle os lokale, der fortsat sværger til gåture og anden form for motion ad stier og veje, kan få rørt bentøjet.

Og Durup er jo på ingen måde uddød fordi vi ikke længere er stationsby – tværtimod, så er der fortsat masser af virkelyst og frivillige ildsjæle til gavn og glæde for byen.

Nå, unge mand, nu er jeg altså løbet tør igen – både for kaffe og for jernbanehistorier! Kan jeg byde på en ny kop? Og gider du høre flere historier om Durup?', spurgte Antonsen optimistisk.

Drengen kæmpede fortsat med sin nu kolde kaffe.

'Jeg kunne godt tænke mig at høre om banken', svarede han og nippede forsigtigt til den kolde moccablanding.

'Uha. Den er også god!', svarede Antonsen og gik straks i gang med at klargøre en ny kop – det blev vist nødvendigt at dispensere fra reglen om de 6 krus i dag.

Kolde kontanter og varme hjerter

'Det var jo ganske anderledes dengang, i tiden før Durup Sparekasse – ja faktisk også i den første tid med sparekassen.

I dag går man jo i banken, når man skal låne penge. Eller lad mig sige det på en anden måde: Man kontakter banken. For det er jo ikke frygteligt nemt at komme fysisk ind i banken, som jo sagtens kan ligge mange kilometer væk. Samtidig har man også her taget os sagesløse bankkunder som gidsler i den altomsiggribende tvangs-digitalisering af Danskeren!', tordnede Antonsen arrigt, inden han tog et par dybe vejrtrækninger og en slurk kaffe og fortsatte beretningen om sparekassen.

'I Durup Sparekasses første tid, var det søreme heller ikke let at komme i banken. Der var åbent to timer om ugen. Men der var jo heller ikke så voldsomt meget at låne – hverken af eller til.

De fleste ting klarede folk selv, og opsparede midler var trods alt de bedste midler af alle. Men efterhånden som udviklingen tog fart, blev der større behov for at låne penge til nye tiltag – nye maskiner, nye bygninger og så fremdeles.

Til gengæld var der stadig meget langt til forbrugslånet blev opfundet. Man lånte til det, der var nødvendigt – resten måtte man klare via nøjsomhed og hårdt slid!'.

'Hvad betyder nøjsomhed?', spurgte drengen.

'Det glæder mig knægt, at du ikke spørger, hvad hårdt slid er!

Nøjsomhed betyder, at man kun bruger, tager, køber eller låner det, der er nødvendigt for, at dagligdagen fungerer.

Og her skal vi huske på, at der jo slet ikke var alle de hersens elektriske apparater, computere og telefoner. I det hele taget var der ikke meget man kunne bruge sine penge på dengang. Og da det kun var de færreste, der overhovedet havde noget at rutte med, var der for den jævne dansker reelt ikke noget alternativ til nøjsomhed.

Når man så lånte penge – til nødvendige ting forstås – så skulle pengene jo også dengang betales tilbage. Og i takt med arbejdspladsernes udvikling, blev stadig flere mennesker kreditværdige, altså i stand til at betale, de penge de lånte, tilbage.

Dermed kan man sige, at der stille og roligt blev behov for en mere målrettet udlånsvirksomhed – eller med andre ord en sparekasse, der havde åbent mere end 2 timer.

Men lad os lige starte ved begyndelsen – eller rettere lidt før.

Allerede inden Durup Sparekasse slog dørene eller måske snarere døren op til de første kunder i 1916, var der således et spirende lånebehov, som fortsat var af beskeden størrelse. Man havde allerede en forskuds-forening, som var en slags forløber for sparekassen – i hvert fald var det vigtigt for etableringen af Durup

Sparekasse, at forskudsforeningens aktiviteter blev ført videre af den nye sparekasse.

Men allerede dengang i 1916 herskede der bureaukratiske tilstande i Kongeriget Danmark. Man kunne ikke bare sådan åbne en sparekasse, selvom man med 27 garanter havde forudsætningen på plads! Næ, det skulle skam godkendes af både tilsyn og departement!', fnøs Antonsen.

'Prosit!', kom det fra drengen.

'Hvad? Øh. Nå ja. Tak.

Men nogle måneder efter den stiftende generalforsamling, kunne Durup Sparekasse så åbne med diverse relevante godkendelser.

I starten holdt sparekassen meget passende til i Afholdshotellet'. Antonsen skyndte sig at forklare betydningen, da drengen så en anelse spørgende ud.

'Afholdshotellet var der, hvor man kunne få sig et måltid mad, men ikke noget alkohol til at skylle maden ned med.

Når jeg siger, at Afholdshotellet var et passende sted, så er det fordi, alkohol jo dybest set ikke er nødvendigt og at Afholdshotellet derfor var at anse for en del af det nøjsomme liv på landet.

Faktisk var afholdsbevægelsen ganske stærk her på egnen dengang, hvilket jo også talte for, at afholdshotellet gav husly til Durup Sparekasse de første år.

I sparekassens første mange år blev den drevet af mennesker, der havde anden hovedbeskæftigelse ved siden af. Derfor var sparekassen i meget høj grad etableret og drevet af lokale ildsjæle.

Faktisk fik ingen af de involverede løn i de første år og eneste driftsomkostninger var den beskedne leje af lokalet i afholdshotellet.

Samtidig betød denne konstellation, at banken i begyndelsen, som sagt, kun havde åbent 2 timer en gang om ugen. Det var nu også fint for en start.

For her skal du huske på, min dreng, at folk dengang typisk arbejdede 55 timer om ugen. Man kunne derfor ikke bare lige smutte en tur i banken. Næ, det skulle såmænd både planlægges og arrangeres!

Faktisk skal vi et par år længere frem i historien, nærmere bestemt 1919, før arbejdstiden blev nedsat til 48 timer med udgangspunkt i arbejderbevægelsens kampagne om, at alle havde ret til 8 timers arbejde, 8 timers fri og 8 timers hvile. Og det blev så til sammenlagt 48 timers arbejdsuge – dengang arbejdede man nemlig også lørdag, men samtidig forstod man at komme helligdagen i hu, hvilket betyder nul arbejde om søndagen, den er til Fadervor, kirkebesøg og den slags'.

Drengen kiggede på sin bedstefar for at se, om han virkelig mente det med helligdagen. Drengen anså nemlig ikke sin bedstefar for den mest flittige kirkegænger i Durup. Faktisk skulle han altid under højlydte protester trækkes med, når der var anledninger – og han havde også flere gange beklaget sig over den alt for høje kirkeskat, som spiste af hans formue.

Men det så ud til, at bedstefaren mente det, han lige havde sagt.

'Var du hellig i dine unge dage Bedstefar?', spurgte drengen derfor.

'Hellig. Må jeg være fri!', begyndte Antonsen påtaget fornærmet.

'Hellighed det lader jeg så sandelig andre om. Jeg fortæller dig blot, hvordan det var dengang. Og jeg kan godt lide det med at holde helt fri om søndagen – at man ikke skal ase afsted til indkøbscentre, arbejde eller lignende. Fadervor og kirkegangen er derimod knapt så nødvendigt for mig på en højhellig søndag.

Tilbage til ildsjælene i Durup Sparekasse.

Faktisk kunne man i vedtægterne læse, at der var et almennyttigt formål med sparekassen. Det var nemlig sparekassens formål at fremme velstanden i kredsen gennem sin virksomhed. Durup Sparekasse skulle derfor bidrage til at gøre folk rigere – eller mindre fattige, om du vil.

Der var også dengang en almindelig opfattelse af, at det var vigtigt for en egns udvikling, at der var mennesker, der påtog sig en opgave til fællesskabets bedste, uden at modtage nogen særlig høj betaling herfor.

Men man vidste også allerede dengang, at det ikke i længden var holdbart at lade folk arbejde gratis. Derfor blev der efter et par år indført 'løn' i forbindelse med tilstedeværelsen i sparekassens åbningstid. Og selvom 3 kr. var meget mere værd i datidens mønt, så var det forsat i den beskedne afdeling for et job af denne type. Og man skulle helt frem til slutningen af 1930'erne før lønnen blev hævet til 4 kr. pr. kontordag.

Helt så langt frem i tiden skulle man ikke før den ugentlige kontortid blev udvidet med 100% - til 2 ugentlige kontordage med to timers åbning. Det skete nemlig omkring 1930. Og hvad bestilte man så dengang for 3 kr. for to timers arbejde?

Ser du, min dreng. Dengang var man jo ikke afhængig af EDB, faktisk fandtes det slet ikke og man var fint i stand til at bogføre ved almindelig penneføring i en stor tyk bog. Det vil sige i starten var det jo en ganske lille bog, da der ikke var meget at føre bog over. Og det var dengang man lærte ...'.

'Bedstefar, nu taler du altså mærkeligt igen!', afbrød drengen. 'Hvad betyder føre bog?'.

'At føre bog – eller bogføring om du vil – betyder, at man holder styr på de penge, man får ind og de penge, man kommer af med. Det er noget som mange mennesker i dag kunne lære noget af! Ligesom at mange ville have godt af at lære at regne – og skrive. Unge mennesker i dag lærer ikke noget i skolen!'.

'Jamen, jeg kan da godt skrive?', argumenterede barnebarnet.

'Ja, men du er jo også kvik, som din bedstefar!'.

'Jamen, de fleste i klassen kan også?', indvendte drengen.

Antonsen ignorerede drengen, da det ikke helt passede ind i hans krystalklare forestilling om nutidens unge og Folkeskolen.

'Men nu må jeg hellere fortælle dig lidt om, hvordan man førte bog i sparekassens første mange år.

Dengang, langt tilbage i det forrige århundrede sad Jensen en aften derhjemme ved spisebordet bøjet over stakken med bogføringer. Hans hustru var netop i færd med at gøre rent og åbnede i den forbindelse vinduet i køkkenet, for at få den lumre stank af flæsk ud af huset.

Udluftningen medførte et så tilpas kraftigt gennemtræk, at Jensens løse papirer snart lå over hele køkkenet.

Heldigvis var papirmængden begrænset og pladsen i køkkenet ligeså.

Jensen spyede edder og forbandelser ud over sin hustru. Han havde ingen forståelse for, at hun skulle gøre rent nu, mens han sad oppe. Hun kunne vel vise lidt hensyn og vente til han var gået til ro! Desuden var det en uskik med den udluftning – det var aldeles unødvendigt og samtidig spild af varme.

Fru Jensen kastede sig straks over alle papirer og fik dem samlet op igen, mens Jensen stod og dirigerede hende rundt i køkkenet.

Nu skal det siges, at selvom hun gjorde rent, så var standarden jo ikke helt på samme niveau som i dag. Desuden var hun slet ikke nået til gulvet. Jensens papirer blev derfor en anelse grå over behandlingen.

Desværre kunne han jo ikke bare printe en ny version – hvis noget skulle ændres, var det ved håndkraft og sirlig penneføring. Jensen vurderede, at papirerne fortsat alle var læsbare, så han nøjes med at organisere dem i den rigtige rækkefølge og lægge dem pænt sammen, pakke dem ind og sætte de 2 sorte læderremme omkring. Nu var han klar til morgendagens møde med sparekassens kunder.

Fru. Jensen havde sat hans vanlige kop mælk frem. Og da den var drukket, var han klar til at gå til ro.

Næste dags morgen fik Jensen gjort sig klar og tog ind på arbejdet for at passe sit normale job. Arbejdet i sparekassen var kun ganske få timer ugentligt – om end det i perioder krævede lidt mere tid end blot forberedelse og opfølgning omkring sparekassens ugentlige åbningstid.

Men Jensen var rigtig glad for denne lille sidebeskæftigelse. For hermed var han med til at bidrage til, at der kom udvikling i Durup.

Da tiden nærmede sig, tog han mappen under armen og bevægede sig hen imod afholdshotellet, hvor banken havde kontordag på denne dag.

Velankommet lagde han tingene til rette og afventede kundernes ankomst.

Den første kunde havde et noget usædvanligt forslag. Han ønskede nemlig at låne penge til fremavl af en hurtigere og stærkere hest. Da Jensen spurgte ind til årsagen, viste det sig, at manden havde brug for mere trækkraft på sin mark og at han samtidig var noget skeptisk hvad angik teknologien – ikke mindst i forhold til automobilerne.

Jensen mente bestemt, at teknologien med dens automobiler og sager var kommet for at blive. Men han kunne godt se udfordringen og da manden havde en fornuftig drift i forvejen, tilbød han ham et mindre lån til anskaffelse af flere hestekræfter.

Herefter blev det hele ført til bog og manden fik en seddel med det beløb han skyldte og med vilkårene for tilbagebetaling. Og selvom man som sagt allerede dengang kendte til bureaukratisk opførsel, så var der en noget mindre mængde papir dengang, end der er nu i det såkaldte papirløse samfund.

Næste kunde ønskede at låne til værktøj i forbindelse med opstart af værksted. Jensen vurderede, at manden ville få det svært, da der allerede var flere af samme slags i Durup. Specielt fordi manden skulle låne til det hele og ikke kunne fremvise hverken historik eller nogen særlig troværdig plan', forklarede Antonsen og gjorde anførselstegn i luften, idet han fortsatte.

'Altså 'plan'. For det var jo ikke store forretningsplaner med budgetter og hele molevitten, man bad om dengang. Men man skulle naturligvis kunne sandsynliggøre, at pengene kunne betales tilbage til sparekassen med renter – ja, og renters rente.

'Renters rente?'.

'Uden at blive alt for teknisk, så tænkt ved, at du lånte 500 kr. af mig – altså ikke nogen du får, men nogen du skal betale tilbage', begyndte Antonsen sin udredning af renters rente.

'Vil du da ikke give mig 500 kr. længere Bedstefar?'.

'Jo, jo. Det er bare et eksempel'.

'Jamen hvorfor skal jeg så låne dem?'.

'Det er bare noget vi leger, så du bedre kan forstå, hvad der skete', forsøgte Antonsen sig. Barnebarnet var fortsat bekymret for de 500 kr., men gav bedstefaren chancen for at forklare sig.

'Vi leger altså, at du låner 500 kr. af mig og at du hvert år betaler 5% i rente. Og det er så 25 kr. Men disse 25 kr. lægges oveni lånet, så du nu skylder mig 525 kr.'.

Drengen protesterede, da han mente, at bedstefaren havde lovet ham 500 kr. som tilskud til ny computer. Og han kunne ikke helt overskue konsekvensen af, hvis han nu i stedet skyldte 525.

'Du får de 500. Og så leger vi, at du låner 500 mere', forsøgte Antonsen.

'Jamen, jeg har jo kun brug for 500', indvendte drengen.

Antonsen var ved at give op, men kom så på en anden måde at forklare sig.

'OK. Så lad os sige, at det var ham med hestekræfterne', fortsatte Antonsen.

'Jamen, ham kan du da ikke låne penge, han må da være død for længst!'.

'Ja selvfølgelig. Det er heller ikke mig, men Durup Sparekasse, der låner ham de 500'. Antonsen kunne se, at drengen efterhånden var ved at være med og han undlod derfor behændig at sige, at beløbet nok ville være mindre end 500 kr., da det jo var mange penge dengang.

'Og året efter skal manden så betale rente af 525, hvilket så er 26,25 – med mindre at der har været betalt nogle af pengene tilbage. Det er det, man kalder afdrag.

Hvornår der skulle betales afdrag, afhang af den aftale man indgik med sparekassen.

Der var også folk, der kom og satte penge ind – både småskillinger og større beløb. Denne dag var ingen undtagelse.

Samtidig var der denne dag en ganske særlig kunde, som kiggede forbi. Det var nemlig repræsentanter for Durup Brugsforening, som ønskede et lån i forbindelse med etablering af en brugsforening i Durup.

Jensen var ved at falde ned af stolen, da han hørte ønsket om at låne 8.000 kr. Det var ikke hver dag, man fik den slags efterspørgsler. Samtidig var lige netop en brugsforening noget af det, som Durup Sparekasse rigtig gerne vil være med til at støtte, så derfor endte det med, at sparekassen lånte brugsforeningen de 8.000.

Men denne velvillighed betød ikke, at træerne voksede ind i himlen for brugsforeningen. Der var de samme strenge krav til dem, som til andre. Og da foreningen ikke ret lang tid efter anmodede om en kassekredit, var svaret nej fra sparekassen side.

Hermed kan konkluderes, at det ej heller i fordums tid var befordrende for lånemulighederne, at man afleverede behovene drypvis.

'Bedstefar, nu taler du altså mærkeligt igen!'.

'Også dengang var det en god idé at have en plan, som tog højde for lånebehovet et par år frem', forklarede Antonsen.

'Men naturligvis kunne det være vanskeligt, når nu det var ganske nye virksomheder og foreninger, der blev etableret. For man kunne jo ikke bare lige sådan spørge erhvervsrådet til råds eller google sig til oplysninger om lignende virksomheders behov.

Sådan gik en kontordag med indlån, udlån og ønsker – uge efter uge, år efter år. Først med 1 ugentlig kontortid og siden med 2 af slagsen. Og hele tiden i temmelig beskedne lokaler i først afholdshotellet og siden i afholdshotellets ejers lejlighed.

Faktisk skulle vi helt hen til omkring 1950 før Durup Sparekasse lejede sig ind i 'rigtige' lokaler. Det var i kommunekontoret. Og de følgende to årtier oplevede sparekassen en fin vækst, hvorfor det blev både muligt og nødvendig skal skabe sig noget mere plads.

Og det kom endog til at passe så fint, at kommunalreformen gjorde Durup til hovedsæde i den nye Sallingsund Kommune, hvorfor kommunen skulle bruge nye lokaler.

Det betød, at Durup Sparekasse fik muligheden for at købe den bygning, man hidtil havde lejet sig ind i. Og ikke nok med det, man udvidede den såmænd ret så hurtigt herefter.

Mindre end et årti senere byggede Durup Sparekasse så en helt ny bygning samme sted. Og det er den bygning, du kan se på torvet i dag – inklusive en senere tilbygning.

I 2006 var det slut, da Durup Sparekasse gik sammen med Morsø Sparekasse. Men i samme forbindelse var man så tilpas forudseende, at man anlagde en fond med en formue på i alt 50 mio. gode danske kroner.

Fonden har siden gjort rigtig meget for Durup og vores egn. Kært bart har mange navne, men lad os blot kalde den Durupfonden.

Den har siden dengang støttet med ganske mange millioner til såvel store som små projekter på Durupegnen. Og med en restkapital på næsten 40 millioner kommer den også de næste mange år til at fortsætte sit vigtige arbejde for Durup.

Og således gik det til, at en oprindelig deltidssparekasse skulle ende med at få en ganske stor betydning for udviklingen af Durup og egnen omkring byen.

Samtidig er min beretning nået til et punkt, hvor jeg er løbet tør for sparekassesnak – og i øvrigt også kaffe. Så efter en kort pause er jeg klar, hvis du da orker at høre mere om Durup?', sagde Antonsen og glædede sig over, at han endnu ikke havde skræmt drengen med sine relativt sanddruelige beretninger.

'Spiser sådan nogle små størrelser som dig også småkager?', råbte Antonsen ude fra køkkenet, hvor han netop var i færd med at øse småkager op på en stor tallerken. Han tømte behændigt resten af pakken, da drengen svarede bekræftende på spørgsmålet. Herefter skyndte han sig ind i stuen med fadet, som både han og drengen straks kastede sig over.

'Så synes jeg, at tiden er kommet til at fortælle lidt om den møbelindustri, der i høj grad har været med til at forme Durup', begyndte Antonsen og kastede en håndfuld småkager i munden på én gang, så han nær var ved at kløjes i dem. Drengen måtte banke ham hårdt på ryggen så kagekrummerne kom retur med et ordentlig host – og muligvis også et lille gylp.

Efter en relativ grundig rengøring af sofabordet og en noget mere forsigtig tilgang til indtagelsen af småkagerne, var Antonsen parat til at fortælle videre.

Man skal da sidde godt!

'Man kan ikke sige Durup uden også at sige møbler – og specielt møbelindustrien.

Durup var, og er jo sådan set fortsat, en del af det såkaldte møbelbælte. Bevares, bæltet er da blevet en hel del numre mindre, siden det var størst. Men dets betydning for såvel Durup som Salling er uomtvistelig.

Når man snakker om møbelindustrien, kan man let overse, at det ikke kun var i industriens absolutte storhedstid, at den havde stor betydning.

Så sent som i 1997 var der faktisk 44 møbelvirksomheder i bæltet. Disse 44 møbelvirksomheder beskæftigede tilsammen over 1.500 medarbejdere. Og med en befolkning omkring de 50.000 i området, var det jo en ikke ubetydelig del af beskæftigelsen, der kom ad denne vej.

Mindre end 10 år senere var dette tal dog faldet til henholdsvis 29 og 1.000. Og i dag er der endnu færre.

Men industrien har fortsat en stor betydning, da de møbelvirksomheder, der er tilbage i dag, fortsat er med til at levere arbejdspladser og indtjening til egnen. Tag blot en virksomhed som Magnus Olesen. Jeg har hørt, at de står foran et nyt USA eventyr, da der er en god amerikansk interesse for deres produkter. Og det er jo aldeles opløftende læsning – og så tilmed for en virksomhed, der har rigtig mange år på bagen.

Virksomhedens grundlægger, Magnus Olesen, skabte denne møbelvirksomhed helt tilbage i 1937, hvilket gør virksomheden stort set jævnaldrende med din bedstefar.

For nylig stødte jeg på en analyse af møbelbæltets betydning for udvikling og vækst. Analysen var dog fra 2006, men konklusionen var næsten entydig: Bæltet havde positiv betydning – bortset lige fra beskæftigelsen.

Jeg har gennem årene hørt flere sige, at nedgangen i antallet af virksomheder og arbejdspladser i industrien skyldtes manglende evne til omstilling. Jeg tror, at det er en sandhed med visse modifikationer. Det er jo nok korrekt, at nogle ikke i tide fik tilpasset sig de nye teknologiske muligheder og måske oversa markedets skiftende behov.

Men som lægmand må jeg sige...',

'Lægmand?'. Barnebarnet var ikke helt med.

'Jo, ser du. En lægmand er en person, der ikke har den faglige ekspertise indenfor det pågældende område. I dette tilfælde møbelproduktion. Havde vi talt om mejerivarer, var jeg ikke lægmand, men snarere en altvidende ekspert, grænsende til en pralhals', forklarede Antonsen muntert og fortsatte, da han konstaterede at drengen atter var med.

'Som lægmand vil jeg sige, at der jo generelt har foregået og fortsat foregår en rivende teknologisk udvikling, som gør, at det vedvarende er muligt at producere mere for færre ressourcer. Dermed giver det i al sin enkelthed sig selv, at der vil blive stedse færre virksomheder og arbejdspladser indenfor et givet fagligt arbejdsområde – med mindre, at man voldsomt udvider markedet.

Ville bæltet have været større i dag, hvis virksomhederne i højere grad havde forstået at tilpasse sig?'. Antonsen holdt en kort kunstpause.

'Jeg tror det ikke. Og i hvert fald slet ikke i forhold til antal arbejdspladser, som teknologien jo reducerer i alle fag og tilmed udraderer i enkelte gamle fag. Tag bare de mange specialbutikker, der eksisterede i Durup for år tilbage. Ligesom specialbutikker i resten af landet, havde de ikke en chance, da først teknologien gjorde produktionen meget billigere og varehuse samlede tingene, så flertallet af kunderne også sparede en masse tid, når de handlede.

Tilsvarende for møbelindustrien, hvor teknologien gjorde, at man kunne få møbler produceret langt billigere og tilmed stort set altid kunne få produktet leveret straks efter det var købt.

Antonsen var ganske godt tilfreds med sin egen analyse af situationen. Til gengæld var han væsentlig mindre tilfreds med, at det lykkedes ham at savle kaffe ned over sig selv, da han fik skvulpet for megen mocca indenbords.

Han skyndte sig at få tørret sin skjorte og hage ganske nødtørftigt.

'Med lad os starte ved begyndelsen', sagde Antonsen og satte sig godt til rette i sofaen.

Jeg har både hørt og læst, at Durup på et tidspunkt havde 8 møbelfabrikker samtidig – jeg har dog ikke kunnet finde ud af, hvilke 8 det helt præcist drejede sig om. Men der har i hvert fald været 6 på en gang, som jeg kan navnene på. Det var i 1950'erne.

Både i 1950'er og 1960'er gik det rigtigt stærkt. Men det begyndte faktisk allerede helt tilbage under 1. Verdenskrig, hvor man så de første spirer til det senere så navnkundige møbelbælte.

En af de første – måske endda den allerførste var en sadelmager og møbelposter ved navn Jacob Mortensen. Han byggede nemlig et hus i Durup under verdenskrigen. Og når folk dengang byggede huse, så var det meget ofte ikke blot for at have et sted at bo. Næ, det var mindst lige så vigtigt, at huset også kunne rumme en virksomhed af en passende art. Det kunne være slagteri, butik, snedkeri. Kun fantasien, og evnerne til at bygge, satte grænserne.

For denne sadelmager og møbelpolstrer blev det altså ikke sadler, men møbler, der skulle være plads til. Og det skulle vise sig at være en god beslutning, for huset kom siden til at rumme Durup Polstermøbelfabrik, som eksisterede helt frem til moderne tid og faktisk opnåede at være den ældste møbelfabrik i Salling.

Jeg synes, at det er ganske interessant at tænke på, hvor megen produktion, der eksisterede i de huse, der var i byen i første halvdel af det Tyvende Århundrede – det var jo ikke ligefrem store fabrikshaller, der lå ned langs hovedgaden. Alligevel formåede man at producere ganske mange møbelprodukter i de relativt små lokaler.

Det var jo først noget senere, at vi så fabrikshallerne skyde op som paddehatte efterhånden som husene blev for små til møbelproducenterne.

For Durup Polstermøbelfabrik blev det i øvrigt en brand, der gav anledning til, at man byggede den fabrik, der fortsat kan ses i Durup, men hvor der jo desværre ikke længere er aktivitet af nogen art.

Aktivitet var der til gengæld masser af i møbelindustriens storhedstid.

Dengang var der mange kvinder ansat som syersker. Du kan tro, at der kunne være megen larm med sådan en flok. Og her tænker jeg ikke kun på mundtøjet, som jo gerne kan køre i et væk på sådan en arbejdsplads med mange kvinder – selvom de naturligvis ikke bare sad og knævrede i arbejdstiden, næ dengang skulle man bestille noget, når man var stemplet ind. Hyggesnak og andet spild måtte foretages, når man atter var stemplet ud igen.

Nej, jeg tænker også på alle de maskiner, der kørte samtidig i fabrikshallerne. Det må have larmet en del. Og dengang interesserede man sig jo lidt mindre for arbejdsmiljø – det blev først rigtig moderne, da de fleste møbelfabrikker var på retur.

Gad vide hvor højt et decibelniveau, der ville være med 35 kvindfolk i samme lokale – hvis alle maskiner holdt stille?', spurgte Antonsen og smilte ved tanken om, at det måske havde været nødvendigt med høreværn, når kvinderne samtalte.

'Men på trods af arbejdsmiljø og kvindfolk, var der ingen tvivl om, at det var stolte virksomhedsejere med stolte medarbejdere. Hele møbelindustrien blev en vigtig del af Durups identitet. Man kunne ikke sige Durup uden også at sige møbler. Det blev lidt lige som Esbjerg og fisk – om end møblerne efter min mening lugtede en del bedre.

Apropos fiskemetaforen. Man bliver søreme helt sulten og tørstig af al den snak om Durup. Lad os få en sildemad og en dram', forslog Antonsen.

Drengen kiggede atter undrende på sin bedstefar – der kom ind i mellem de mærkeligste ord ud af munden på ham.

'Nåh nej, I unge mennesker drikker jo ikke længere – selvom medierne påstår det modsatte. Jeg har mere kaffe? Eller du vil måske hellere have et glas vand? Ja, du kan da også få et glas fløde?'.

Antonsen var glad for, at drengen valgte vandet – det gik trods alt lidt bedre til silden end de foreslåede alternativer.

'Nu spiser du vel sild?', spurgte Antonsen lettere bekymret, for han havde ikke andet end sild, rugbrød, løg og karrysalat i køleskabet p.t. Nej det passede ikke, han havde også lille dejlig ost, som efterhånden var så moden, at den snart selv kunne gå hen på brødet. Og smør og fedt havde han da også i køleskabet – og fløde naturligvis.

Drengen kunne heldigvis lide sild og Antonsen anrettede derfor en let sildefrokost til dem, mens han gjorde klar til at fortsætte beretningen om møbelindustrien i Durup. Han fandt et af sine snapseglas frem. Det gik under navnet 'snapsepokalen', da det kunne rumme ikke så lidt snaps. Faktisk præcis 4 cl. hvis man fyldte glasset helt til randen. Og det gjorde Antonsen, når han en sjælden gang tog sig en snaps. Flasken han satte på bordet havde han købt i forbindelse med sin fødselsdag sidste år, så han gik så sandelig ikke og ruttede med spritten.

Antonsen hældte med stensikker hånd yderst forsigtigt op, så væsken lige nøjagtigt stod til kanten af glasset. Dernæst stak han ansigtet hen til glasset og søbede en lille smule af indholdet, mens han holdt fast med den ene hånd. På denne måde var han sikker på, at han efterfølgende kunne føre glasset til munden uden at spille en eneste dråbe.

'Skål', udbrød han så og løftede forsigtigt sit glas.

Drengen skålede med i sit vand og trak lidt på smilebåndet over den grimasse bedstefaren lavede, efter at halvdelen af snapsen var skyllet ned. Antonsen skyllede efter med kaffen.

'Der fandtes jo mange forskellige afarter af møbelvirksomheder i Durup. Jeg har allerede fortalt om møbelpolstreren, som endte med en hel fabrik. Der var naturligvis også andre møbelpolstrere gennem tiden – store såvel som små. Magnus Olesen, som jeg før nævnte, kaldte sin virksomhed for Durup Møbelstelfabrik, så her var vi ovre i en anden del af møbeludformningen. Han var dog ikke ene om at have møbelstel som varemærke. Og også her var der såvel store som små virksomheder, der var leveringsdygtige i møbelstel og arbejdet med samme.

Tanken om at virksomhederne specialiserede sig var jo rigtig god – under forudsætning af, at man kunne arbejde tæt sammen. Og det siger jeg ikke noget om, hvorvidt man kunne. Men det gik med tiden sådan, at der i hvert fald var en del, som lavede det meste eller det hele selv. Det var jo en del af den rivende industrielle udvikling, at man forsøgte at begrænse sårbarheden ved leverance og samtidig øgede effektiviteten med større enheder.

Og du kan tro, at der var gang i den, da man først kom på den anden siden af 2. Verdenskrig. For her kom en forbrugseksplosion, som man ikke havde set mage til i historien. Folk fik flere penge mellem hænderne og købte forskellige forbrugsgoder, herunder også møbler.

Før der rigtig kom gang i den, reparerede man de eksisterende møbler, hvilket dengang sagtens kunne svare sig, da der jo var tale om gode solide håndlavede møbler. Det var derfor, at man blandt andet uddannede møbelpolstrere, møbelsnedkere og andre specialister.

Nu om dage losser man jo bare sine gamle møbler ud – mest fordi det nymodens pjat ikke er bedre værd efter 5-10 års brug, men også fordi vi har fået os en 'brug og smid væk' mentalitet', konstaterede Antonsen letterede forarget. Han smed kun noget ud, hvis det var absolut ubrugeligt – og der skulle meget til. For de fleste ting kunne reddes med lidt snilde og en passende mængde lim eller gaffertape og nogle gange begge dele.

'Hov, det minder mig om, at jeg skal forbi genbrugen i morgen – jeg har set en fin gammel lænestol, som jeg tror vil egne sig godt til at se fjernsyn i. Hvis ikke jeg tager meget fejl, er det en Bamsestol', sagde Antonsen og skar et stort stykke af sin sildemad ud og førte stykket til munden. Det kunne lige akkurat være der.

'Bamsestol?'.

'Ja, det var den første Svend Skipper producerede. Svend Skipper, som grundlagde Skippers Møbler, der senere blev til Skipper Furniture', forklarede Antonsen ivrigt med karrysalaten drivende ned ad hagen.

Han fik tygget af munden og tørret salaten af hagen, inden den begyndte at dryppe ned på skjorten, hvorefter han fortsatte.

'Møbelindustrien i Durup var kendetegnet af god håndværksmæssig kvalitet. Det er derfor, at der også i dag er fokus på høj kvalitet – det blev nemlig et varemærke for Durup', forklarede Antonsen.

'Skål', udbrød han endnu en gang. Han trængte til at skylle den grimme smag af karry væk. Drengen skålede med og kunne atter se sin bedstefar lave nogle imponerende grimasser efter indtagelse af ca. 2 cl. snaps. Og atter en gang skyllede han efter med den lunkne kaffe.

'Netop dette fokus på håndværksmæssig kvalitet, tror jeg fortsat har et stort potentiale. Nu er jeg jo ingen globetrotter', begyndte Antonsen og skævede over mod drengen. Det så ud til, at han godt kendte til det ord.

'Men Verden af i dag giver os nogle helt andre muligheder for at bringe de kvaliteter i spil.

Prøv at forstille dig, at en række virksomheder her i Durup satte sig for at levere gode kvalitetsmøbler til Kina – ikke noget med fint og dyrt dansk design, men gode jævne kvalitetsmøbler til den kinesiske middelklase, som jo er enorm', fabulerede Antonsen entusiastisk.

'MEN! Vi skulle ikke producere møblerne her, men blot sælge samt sikre, at kvaliteten er i orden, så selv en svært overvægtig kineser ikke kan ondulere sofaens affjedring de første mange år. Produktionen kunne være i Kina eller et andet sted, hvor det er billigt at producere.

Udvikling, kvalitetskontrol og salg bliver i Durup og skaber arbejdspladser. Kan du ikke se, at det kunne blive et nyt eksporteventyr?', spurgte Antonsen ivrigt og var klar til at sætte broderparten af sine spareskillinger i projektet nu og her.

'Er det ikke det, man allerede har gjort', spurgte drengen forsigtigt. Han ville nødigt punktere sin bedstefars begejstring.

'Det har nok været meningen, men i realiteten er det så endt med, at det hele flytter væk eller lukker med tiden. Jeg tror, at man er nødsaget til at være flere virksomheder om et sådan projekt, da det både kræver megen koordinering og megen viden, som en mindre virksomhed får svært ved at klare alene.

Nå, skal du have mere sild?', spurgte Antonsen og rejste sig for at rydde af, da drengen rystede på hovedet.

Sammen fik de to hurtigt ryddet af og vasket op, hvorefter de vendte tilbage til sofaen for at fortsætte.

Antonsen mente ikke, at han denne dag kunne klemme mere ud af møbelindustrien og bad derfor barnebarnet om et nyt emne. Det blev til historien om Durup Andelsmejeri, som samtidig indeholdt en personlig historie fra bedstefaren, som jo havde slået sine folder på mejeriet i ganske mange år.

Dit, mit og vores

'Jeg læste forleden om deleøkonomi. Kender du noget til det?', spurgte Antonsen.

'Ikke rigtigt', svarede drengen.

'Jeg troede først, at det handlede om lilla ble og rundkreds!', fortsatte Antonsen.

Drengen lignende endnu en gang et stort spørgsmålstegn.

'Altså fra dengang rødstrømperne regerede Verden!'.

Forklaringen hjælp ikke meget på barnebarnets spørgende ansigtsudtryk.

'Jo. Ser du. I 1970'erne – og faktisk allerede et par år før det – skulle man først bruge en masse tid på at tale om alting, inden man kunne træffe en beslutning.

Det var meget pædagogisk og efter min mening meget irriterende og langsommeligt.

Prøv at forestille dig, at soldaterne ved fronten vil til at diskutere med sergenten om det nu også er en god idé, at de skal forsvare sig mod fjenden?!

Diskussion er fint, men på rette sted og til rette tid.

Jeg troede som sagt, at deleøkonomi var sådan en gang rundkredssnak. Men det er det slet ikke.

I stedet er der penge i det – og så er de fleste jyder jo i udgangspunktet interesserede. Og kan man ovenikøbet slippe for skat og moms, så gør det ikke sagen mindre interessant.

Og netop det med skat og moms er lidt specielt – og her tænker jeg ikke på steder i Jylland, hvor man nødig bruger den slags. Men derimod det, at man som privatperson i et begrænset omfang lejer ud og holder sig under den skattefrie bundgrænse for slige aktiviteter.

Jeg har faktisk besluttet mig for at være en del af det – så jeg deler både min bil og mit hus til sommer og håber, at det kan give tilskud til min sommerferie.

Folk i hele verden gør det – bare ikke så meget i Danmark.

Og det er faktisk mærkeligt. For ruller vi tiden sådan en godt og vel 100 år tilbage, så var Danmark i høj grad præget af deleøkonomi.

Vi kaldte det dengang for Andelsbevægelsen.

Forestil dig, hvis driftige folk i Durup tog fat om det potentiale, der er for deleøkonomi og lavede virksomheder eller koncepter, der kunne eksporteres til udlandet – måske kunne man kalde det Andelsbevægelsen 2.0?', sagde Antonsen lettere begejstret.

'Den må vi lige tage en anden dag. Først historien om Durup Andelsmejeri.

For også i Durup rullede andelsbevægelsen frem.

Men dengang, hvor mejeriet blev etableret, var det ikke alle, der var med på noderne fra starten.

Mange var ganske enkelt bange for, at det ville blive noget forfærdeligt beskidt mælk, når nu man begyndte at hælde mælk fra flere forskellige landmænd sammen.

Man kan roligt sige, at det på flere måder fik en blandet modtagelse, hæ, hæ', gnækkede Antonsen selvtilfreds over eget billedsprog.

'Nå. Men det blev altså frygteligt moderne med den der tanke om at eje i fællesskab.

Formålet var i bund og grund at sikre en god økonomisk udvikling for jævne folk. Og for andelsmejerierne handlede det om bedre vilkår for de folk, der levede af de små og mindre landbrug. De var nemlig ganske pressede af de større landbrug på herregårdene. Og af livet på landet, som bestemt var en noget større udfordring end i dag – selvom vi i dag er blevet noget bedre til at jamre over livets udfordringer.

Ser du, min dreng. Dengang kom der ikke nogen velfærdsstat og hjælp en, hvis ulykken var ude. Derfor var folk vant med selv at gøre, hvad der var nødvendigt. Og det jævne folk var pisket til at stå sammen, hvis de skulle klare sig overfor de større landbrug – og ikke mindst, hvis de skulle bevæge sig væk fra fattigdom.

Da Durup fik sit mejeri, havde Danmark været i gang et stykke tid – faktisk i 11 år. Derfor var landet efterhånden plastret til med Andelsmejerier. Og ganske få år senere fandtes der nærmest ikke en malkeko, der ikke leverede til et Andelsmejeri.

Ved du for resten, hvordan man i mine unge dage tjekkede, at paraffinen til osten var klar?', indskød Antonsen ivrigt.

'Nej?'.

'Man sendte en ordentlig spytklat ned i karret og så på, om den sydede tilpas meget!', svarede Antonsen veltilpas.

'Ad, hvor klamt!', sagde drengen og rynkede næsen.

'Ja. Men dengang gik vi altså ikke så højt op i egenkontrol og den slags.

Alligevel var der ingen, der kom galt afsted med mine oste – det skulle da lige være fedme, hvis de spiste for meget eller et stykke i den gale hals, hvis de spiste for hurtigt.

Durup Andelsmejeri havde et ret så godt ry og var meget anerkendt for sine oste. Og det var vi jo fordi, vi var dygtige håndværkere.

Kom og se de priser, jeg har gemt fra dengang', sagde Antonsen og vinkede drengen efter sig ind på kontoret.

Antonsen havde en stor billedramme hængende, hvor alle medaljerne var sat pænt på ræd og række bag en glasplade.

De gik helt tæt på billedrammen, hvorefter Antonsen stolt forklarede barnebarnet hvad de enkelte præmier var.

Mejeriet havde både fået 1., 2. og 3. præmier indenfor såvel oste- som smørproduktion.

Så hvis du hører folk snakke om, at vi var dygtige, så har du her beviserne'. Antonsen afsluttede fremvisningen.

'Durup Andelsmejeri bragte sådan set også din bedstemor og jeg sammen på en måde. I hvert fald mødte jeg hende, mens jeg arbejdede på mejeriet. Jeg kan stadig huske, da hun første gang kom ind for at købe ost.

Hun var meget smuk og altid så fagert klædt i nydelige, men også for datiden en anelse udfordrende kjoler. Særligt om sommeren var alle os mandfolk ved at dreje hovedet af led, for at få det hele med, når hun vimsede forbi os.

Jeg var jo tilflytter dengang – ja, det er jeg nok stadig i visse personers øjne', forklarede Antonsen med et glimt i øjet.

'Fordi jeg var tilflytter, havde jeg ikke helt styr på, hvem hun var og hvor hun boede. Og jeg synes jo ikke, at det ville være helt passende at snige sig efter hende – dels forbi jeg skulle på arbejde og dels fordi jeg så måske skræmte hende væk.

Og hvorfor var det nu så vigtigt at vide, hvem hun var og hvor hun boede, tænker du måske?

Ser du, det var ikke fordi jeg havde tænkt mig at fremsynge kærlighedsserenader, eller kærlighedssange om du vil, foran hendes vindue – selv om jeg gerne ville.

Nej, derimod var det dengang vigtigt at vide, hvad det var for en potentiel ægtefælle, man der fik fingrene i.

Selvom jeg på det tidspunkt ikke gik i giftetanker, så var det meget vigtigt, at man tænkte den dimension ind. For pludselig kunne kvinden jo være gravid – og så var det ikke særligt velset at løbe fra sit ansvar og ej heller at fostre en 'horeunge'. Derfor var der en vis risiko for pludseligt ægteskab.

'??', drengen lignede atter et stort spørgsmålstegn.

'Ja, det er nok lidt for teknisk det her. Men det korte af det lange er, at man altså dengang var nødsaget til at undersøge om et interessant fruentimmer nu også kunne være en passende ægtefælle – eller i det mindste ikke var en upassende en af slagsen.

Jeg kunne ikke rigtig spørge mine kolleger. For det havde jeg gjort en anden gang, hvor en anden smuk ung kvinde havde poseret et par gange ved mejeriet. Kollegene havde bildt mig ind, at hun godt kunne lide kærlighedsserenader og at hun i øvrigt havde et godt øje til mig. Og det var alt sammen muligvis også helt korrekt. Imidlertid havde de lømler oplyst mig en forkert adresse.

Så da jeg troppede op der en sen aftenstime blev jeg ret hurtigt afbrudt af et ganske interesseret, men ikke særligt attraktivt kvindfolk. Gutterne havde fortalt hende, at jeg var vild med hende – hun var vist lidt af en tøjte.

'Tøjte?', spurgte drengen.

'Ja, jeg ved ikke rigtig, om jeg tør anvende den betegnelse, som unge mennesker nu til dags ville have anvendt om kvinder, der er løs på tråden', forsøgte Antonsen sig – uden synderlig indvirkning på drengens forståelse af ordet.

'Nå, men en tøjte var i hvert fald ikke en, man havde lyst til at gifte sig med – og så var det bedst at holde afstand.

Men inden jeg nåede at pakke sammen og fortrække, havde hun kastet sig over mig og tildængede mig med lidenskabelige kys! Jeg forsøgte naturligvis at vriste mig fri, men hun var stærk som en okse – og i øvrigt ganske ferm til at kysse'.

'Bedstefar!'.

'Ja, undskyld, jeg skal forsøge at spare dig for detaljerne.

Jeg var efter hendes kærlige behandling ikke uden interesse i at, om jeg så må sige, 'lære hende lidt bedre at kende'. Men jeg fandt dog, at det nok var bedst at stikke halen mellem benene.

Jeg fik således krænget hende af inden tingene udviklede sig i alt for lystig retning og benede derefter af sted – med kvindfolket lige i hælene. Og jeg kan sige dig, at hun løb stærkt!

Jeg måtte ganske enkelt løbe det bedste, jeg havde lært og noget længere end jeg havde lyst til. Efter en heftig spurt i hen ved 5 meget lange minutter, havde jeg ikke mere luft, men heldigvis heller ikke længere en forfølger.

Derfor kastede jeg mig udmattet i græsset og lå der og pønsede på, hvordan jeg kunne give gutterne igen af samme skuffe.

Men desværre var min kreativitet ud i den slags numre ganske lille. Og da min naivitet til gengæld var temmelig omfattende, var jeg et omvandrende tagselvbord for spøg og skæmt folket.

Jeg forsøgte dog efter bedste evne at undlade at falde alt for meget for deres tricks. Jeg stillede derfor ikke længere op på ukendte adresser for at kvæde kærligheds-serenader og jeg gav heller ikke efter på deres opfordringer til at kontakte alskens smukke kvinder, der efter sigende var 'helt tossede med mig'.

Så da jeg fandt interesse for din bedstemor, måtte jeg holde min interesse helt og aldeles for mig selv – for at undgå såvel drilleri som pinlige situationer.

I Krig og Kærlighed gælder alle kneb, siger man. Og jeg må indrømme, at jeg gjorde brug af en ufin metode. Jeg fandt en anledning til at gå ind på kontoret. Her kom jeg med en længere søforklaring om, at den unge dame, som lige havde været her, tabte 5 kroner, og at jeg gerne ville give dem tilbage, hvis kontoret blot ville oplyse mig hendes navn og adresse.

Kontoret forsøgte dog at tage sig af 'problemet' og bad mig om femmeren, så den kunne lægges i en kuvert på kontoret til næste gang den unge frøken kom. Jeg kunne se min femmer forsvinde til ingen verdens nytte og insisterede derfor på at overdrage den personligt samme dag.

Efter et par desperate krumspring lykkedes det at få navn og adresse på din bedstemor. Og så kan det nok være, at jeg fik travlt med at få historien til at hænge sammen – for jeg vidste jo, at der nok kunne blive spurgt til, om hun havde fået sin femmer, næste gang hun kom forbi.

Jeg fik affedtet mit legeme ganske grundigt efter arbejdet denne dag, så jeg ikke lugtede alt for meget af ost. Og så travede jeg ellers ned til huset, hvor hun boede.

Jeg bankede pænt på og ventede at blive møde af den yndigste unge dame. I stedet var det en ret så stor ældre herre, der åbnede. Det måtte være hendes fader. Han spurgte lidt gnavent til mit ærinde og havde nok på fornemmelsen, at det drejede sig om datteren og var sikkert vant med, at unge bejlere kom forbi i tide og utide.

Jeg forklarede ham situationen – altså den fiktive, ikke den reelle.

Manden mente bestemt ikke, at det kunne have sin rigtighed, at hans fornuftige datter havde tabt et så stort beløb. Men var dog interesseret i at få det retur, hvis det nu alligevel skulle være sket.

Atter en gang var jeg ved at miste min femmer, og atter en gang måtte jeg ty til alskens desperate søforklaringer for at kunne overrække den personligt.

I mellemtiden kom din bedstemor til syne i døren og spurgte til, hvad der var på færde. Faderen fortalte hende, at der stod en relativt pæn og moderat ostelugtende mand fra mejeriet og mente at have fundet hendes femmer.

Hun mente ikke, at have tabt nogle penge, men tjekkede for en sikkerheds skyld portemonnæen eller pengepungen som I vist kalder den nu om dage.

'Ved De hvad. Jeg tror faktisk, at jeg har tabt 5 kroner', sagde din bedstemor og smilte sødt til mig.

Jeg blev lidt paf, da det jo ikke lige var det svar, jeg havde regnet med. Men din bedste havde mere i ærmet.

'Far, skulle vi ikke invitere den unge mand ind på en kop te, som tak for hans ulejlighed? Jeg synes ikke, at han lugter så forfærdeligt meget af ost'.

Jeg blev endnu mere paf og faderen have heller ikke lige set denne invitation komme. Men selvfølgelig skulle denne venlige ostemand have en passende tak. Han foreslog derfor en findeløn på 50 ører, hvilket din bedste synes var OK, sammen med teen.

Derfor indvilgede faderen i at byde mig indenfor på te – ikke for 2, men for alle i familien. Og således gik det til, at jeg den dag mistede 4 og en halv krone og kom ganske uventet på te hos min kommende svigerfamilie.

Efter denne tid var vi meget sammen, vi to, og der gik jo ikke så frygteligt længe, inden vi besluttede os for at blive gift.

Gutterne fra mejeriet stoppede med deres drilleri – i hvert fald hvad angik mit forhold til kvindfolk. Men de fortsatte naturligvis ufortrødent på alle andre områder, som de kunne komme i tanke om.

Men jeg tror også, at det var derfor, at vi alle var så glade for at arbejde på mejeriet – vi hørte ligesom sammen. Og arbejdsforholdene var ganske hårde – ikke mindst grundet arbejdstiderne, som var noget uhensigtsmæssige i forhold til det omgivende samfund. Derfor var det særligt vigtigt, at vi havde det godt sammen.

Jeg fortalte tidligere, at vi var gode håndværkere. Men der var også et andet kendetegn ved vores mejeri. Det var nemlig således, at Durup Andelsmejeri igennem årene havde fokus på udvikling.

Dette blev yderligere forstærket, da vi gik sammen med andre lokale mejerier i Skiveegnens Andelsmejeri. Kort tid herefter fokuserede vi udelukkende på ost – og jeg kom ikke til at lugte mindre af dette herlige produkt', sagde Antonsen med et stort smil.

Men desværre var der samtidig et stadigt stærkere arbejde for at gøre produktionsenhederne færre og større – en udvikling der, som du ved, ikke kun skete på mejerierne, men indenfor de fleste områder af landet, og af Verden.

I 2000 var det så slut med mejeri i Durup.

For mit vedkommende passede det nu udmærket, da jeg var ved at være pensionsmoden og havde lyst til at nyde alderdommen, inden kroppen for alvor begyndte at blive genstridig.

Jeg havde håbet på at kunne dele min alderdom med din bedstemor – vi havde masser af planer om at både ryge og rejse, om jeg så må sige. Desværre fik hun jo ganske kort tid efter konstateret kræft og selvom hun kæmpede både længe og heroisk, så måtte hun give op, inden du kom til Verden.

Når man sådan mister en man holder meget af, bliver betydningen af lukningen af ens arbejdsplads sat lidt i relief. Det ville for mig personligt næsten ikke have været til at bære, hvis jeg skulle have fortsat på den arbejdsplads, som i fordums tid bragte os sammen.

Når jeg ser lukningen i det lys, så er det eneste, der ærgrer mig lidt, at der skulle gå så forholdsvis lang tid, inden man fandt på at rive bygningen ned og anlægge multibanen. Men det er nok ganske naturligt, da vi jo håbede på, at bygningerne kunne anvendes til noget andet – og der var jo også lokale kræfter, der arbejdede på at køre mejeriet videre i en eller anden form. For der er jo en del følelser i klemme i sådan en historisk bygning og arbejdsplads. Så først, da det var helt åbenlyst, at der ikke ville sker andet end forfald, kom der gang i sagerne.

Selvom jeg da længes tilbage til fordum storhed for Durup Andelsmejeri, så må jeg også indse, at tiderne ændrer sig, og at det er fantastisk, at vi har fundet en anden god anvendelse af grunden.

Skulle jeg ikke tage at benytte lejligheden til at foretage et spring frem til de moderne tider i min beretning om Durup?', spurgte Antonsen retorisk og hastede videre, inden drengen kunne nå at svare.

Alt det nymodens pjat!

'Når man sådan kigger tilbage i tiden, kan man let forfalde til tristhed og opgivelse. For Durup er jo slet ikke længere, hvad den var engang.

Og det er da også rigtigt. Der er mange ting, der var meget anderledes end i dag, og der er mange ting, der ikke eksisterer længere.

Men en ting er fortsat 'ved det gamle': Der er en stor lyst til at gøre en forskel for vores fælles by. Vi vil ikke bare sidde på hænderne og lade Durup blive taget af udviklingen.

Durup er nemlig præget af mange ildsjæle, som gør en masse positivt for byen.

Tag bare byfornyelsesprojektet. Det var aldrig blevet til det flotte resultat, hvis ikke byens borgere havde investeret deres tid.

Men der er meget andet positivt at sige om byen: For eksempel børnehaven. Den blev til på baggrund af en anmodning fra en forældregruppe i Durup.

Og ved du hvad? De bad om 'noget med dyr' – faktisk bad de om en gård med dyr. Og det fik de så.

Børnegården som den jo så snedigt kom til at hedde, blev etableret i 1995. Dengang var der 44 børn. I dag er der 64 – altså børn, ikke geder, kaniner, høns, katte og fugle. Hvis alle disse dyr også tælles med, når vi jo noget højere op. Der er naturligvis en hel del af disse 64 børn, som forlader

Børnegåden, når skolen starter, men så kommer der jo nye til henover året.

Under alle omstændigheder er det en succeshistorie fra det moderne Durup og den viser, at vi godt kan skabe noget spændende herude.

Men jeg kunne godt tænke mig at fortælle dig en stort set sandfærdig historie, der handler om en familie i det moderne Durup. Hvad siger du til det?', spurgte Antonsen optimistisk.

'Bare den ikke handler alt for meget om kærlighed, Bedstefar', sagde drengen og rynkede på næsen.

'Jeg skal gøre mit yderste for at udelade eventuelle vovede passager', svarede Antonsen og kunne se, at drengen ikke helt var med.

'Kun en smule kærlighed', skyndte han sig at sige og fortsatte.

'Der var engang i en ikke så fjern fortid en børnefamilie med et forældrepar og 4 mindre børn.

Manden hed Bob. Han var 40 år og havde en lederstilling i udkanten af Viborg og skulle derfor transportere sig en 45 minutters penge i automobil hver morgen. Da hans mødetid var 08.15, skulle han senest køre fra Durup 07.30.

Dog havde han som alle andre moderne banditter flekstid, hvilket hver morgen blev hans redning.

Det var nemlig Bob, der afleverede børnene i institution. De 2 ældste tvillinger Hjalte og Malthe i Durup Skole og de 2 yngste tvillinger Freja og Maja i Børnegården.

Ja, de havde i den grad tvillinger.

Men sådan kan det gå, når man venter med at få børn. Sandsynligheden for tvillinger øges med 100%, når kvinden passerer 35 år. Og det må man sige, at Bobs kone Bertha for længst havde gjort. Hun var nemlig 45 og dermed en håndfuld år ældre end Bob.

Hun var en rigtig godte – altså dengang, de mødte hinanden og blev forelskede.

'Bedstefar!'.

'Ja, ja. Men jeg er jo lige nødt til at ridse familiehistorien op, så du kan følge med.

Bertha var efter sigende blevet 30 kilo tungere. Vi kender dog ikke det nøjagtige tal, da det er omgærdet af megen hemmelighed. Men med kun 158 centimeter at fordele den ekstra vægt på, bliver det altså ret synligt, når kropsvægten øges med mere end et par kilo!

På plussiden var jo så, at man ikke kunne se en eneste rynke i hendes runde ansigt – og formentlig ej heller på resten af kroppen.

'Bedstefar!!'.

'Undskyld, jeg lod mig vist rive med.

Men Bertha troede fuldt og fast på, at blot man spiste inden kl. 21, så var der ingen begrænsninger. Derfor gik hun straks i gang med gufferiet, når ungerne var puttet kl. 20.30. Det betød, at hun skulle spise meget hurtigt.

Det havde så den konsekvens, at hun herefter hurtigt faldt i søvn på sofaen, når den værste kvalme havde lagt sig.

De første mange år bar Bob hende nænsomt ind i sengen. Men de senere år måtte han opgive at løfte sin kone i seng, hvis han ville undgå endnu et hekseskud.

Bob havde også flere gange påpeget, at hun nok skulle passe lidt på. Men så var Bertha blot blevet arrig, for hun mente, at det primært var tøjet, der var krympet i vask.

Bertha påpegede desuden tit overfor Bob, at hun jo elskede at spise salat og fandt særlig stor fornøjelse i de hjemmelavede salater – ikke mindst slagterens hjemmelavede skinkesalat.

Mere end 1 gang havde Bob forsøgt at forklare, at denne type salat befandt sig alleröverst oppe i madpyramiden – hvis den overhovedet var med. Men Bertha havde hver gang affejet ham med, at han ikke skulle komme og indføre egyptiske tilstande i hendes hjem.

Bob og ungerne var, i hvert fald vægtmæssigt, mere normale. Ofte så man familien komme susende på cykel på naturstien i retning mod Skive.

Og ungerne fik også tit deres mor lokket med – så sad hun bagest på tandemen med benene oppe, mens Bob trådte i pedalerne, så han blev helt blå i hovedet.

Joh. De hyggede sig rigtig, gjorde de!

Sådan en almindelig morgen hos familien, var ikke for sarte sjæle.

For nu at sige det, som det var: Det var rent kaos og hver morgen et sandt mirakel, at de kom tilnærmelsesvis rettidigt ud af døren uden det store råberi.

Bob stod hver morgen op klokken fem og gav sig i kast med madpakkerne – 7 stykker. 1 til hver af ham og ungerne og 2 til Bertha – den ene dog bestående af en bakke frisk skinkesalat, så den var hurtigt 'smurt'.

Alle havde særlige ønsker til madpakkens indhold. Så det gjaldt om at holde tungen lige i munden, så alle fik det, de godt kunne lide.

Bob havde enkelte gange givet forkert med i madpakken. Og det var blevet bemærket. Ikke kun af Bertha, da han kom til at bytte skinkesalaten ud med gulerødder. Også flere af børnene havde klaget over indholdet flere gange.

Nu var Bob jo en venlig mand, der helst ikke ville have alt for megen bøvl i tilværelsen, så han tog blot kritikken til sig og forsøgte at føre et skema over ønskerne.

Og det havde da hjulpet, men det tog en forfærdelig tid – nogle gange op imod en hel time at smøre de kattens madpakker.

Bertha kunne ikke forstå, at han var så langsommelig. Og han kunne ikke forstå, at hun var så hurtig – indtil han erfarede, at hun smurte det samme til dem alle, når hun en sjælden gang blev tvunget til at smøre madpakkerne.

Når så Bob var færdig med madpakkerne var det tid til at finde tøj, hvilket var lidt af en prøvelse, da det oftest skulle findes i et bjerg af ganske rent, men afsindigt krøllet vasketøj i bryggerset. Men efter en 20 minutters søgning og en række edder og forbandelser, over at det ikke var lagt sammen, havde han fundet tøj, der nogenlunde matchede og strøget det, der var alt for krøllet til offentligheden.

Så var det tid til at dække bord og dernæst kalde på ungerne.

De første 3 kom hurtigt sjoskende ned i stuen, mens den sidste, Hjalte, som regel skulle vækkes af mindst 3 omgange.

Men det lykkedes hver gang at få dem alle op og spist af. Dernæst blev ungerne placeret ved hver deres tøjbunke med ordre på at komme i klunset hurtigst muligt.

Det var ikke kun en gang, at det var sket, at tøjbunke og unge ikke passede sammen, og at Bob, efter at han havde gjort sig selv klar, var nødsaget til at beordre et tøjbytte.

Denne morgen var det Hjalte og Malthes tøj der var byttet. Og hvad gør det, tænker du måske? De var jo tvillinger. Ja, de var. Men lige så forskellige som alle andre søskendepar – også i højde og drøjde. Derfor stumpede

Hjaltes bukser en del denne morgen, mens Malthes nåede så godt og vel ned til gulvet.

Inden Bob og ungerne skulle ud af døren, måtte Bob tage det værste af rengøringen efter morgenmaden. Nuvel, børnene tog selv deres ting ud, men det var som om, at de havde spist havregrynet med fingrene, for der var gryn, sukker, rosiner og mælk over det meste af bordet. Eller rettere: Det kunne se ud som om, at nogen havde forsøgt at tørre op, men i stedet var endt med at tvære hele herligheden ud over bordet.

Når Bob var klar, sædvanligvis 5-10 minutter senere end planlagt, tog han og ungerne afsted'.

'Hvad med Bertha?', spurgte drengen.

'Godt spørgsmål!

Bertha brød sig ikke om at stå tidligt op. Og i øvrigt synes hun, at det kun var rimeligt, at Bob tog sig af børnene om morgenen, når nu hun havde taget sig af graviditet og fødsel for hvert barn!

Hun arbejdede som freelance tekstforfatter, hvilket indebar minimal transport og bevægelse. Hun kunne sidde hele dagen med den bærbare og skrive tekster, hvis der var noget at lave.

Ellers var der jo altid Facebook eller TV – og skinkesalaten ikke at forglemme!

Men tilbage til Bob og ungerne.

Det første stop på vejen var børnehaven, hvor der som vanligt var et leben her ved 7.30 tiden. Flere forældre skyndte på poderne og kiggede utålmodig på klokken. Dusinvis af legende unger spænede rundt – og der var mindst et par stykker, der var så højrøstede, at Arbejdstilsynet formentlig ville påbyde høreværn, hvis det lagde vejen forbi.

Midt i al virvarret forholdt personalet sig med usvigelig sikkerhed fuldkommen roligt. De lod sig ikke gå på af lidt uro. Og heldigvis for det, for deres rolige tilgang sikrede, at kaos blev holdt på et acceptabelt niveau.

Bob havde vanen tro glemt nogle småting i bilen. Han sukkede dybt, kiggede på uret og rystede opgivende på hovedet.

Nu måtte han skyndsomt suse tilbage på p-pladsen, hvor han gik i sine egne tanker og nær var blevet påkørt af en bakkende bil. Til alt held var føreren vant med at orientere sig grundigt – hun vidste godt, at der pludselig kunne befinde sig små børn eller distræte forældre på kørebanen!

Bob undskyldte, hankede op i madpakkerne, orienterede sig og benede ind i Børnegården igen.

Herinde var Maja allerede over alle bjerge, mens Freja stod troligt og ventede på farmand.

Bob skyndte sig ind med madkasserne og begyndte at lede efter Maja. Efter et par minutter fandt han hende. Men nu var Freja ingen steder at se.

Sådan gik det hver morgen. Og det er forklaringen på, at det ofte tog ham henved 20 minutter at aflevere de første 2. Resultatet heraf blev, at han måtte haste afsted for at nå at aflevere de 2 store, inden skolen ringede ind.

Denne morgen var ingen undtagelse.

Han ville så gerne følge ungerne hen til skolen, men begge drenge betakkede sig faderens selskab. For det var sket mere end 1 gang, at deres far havde gjort sig uheldigt bemærket. Senest, da han var begyndt at hilse på de andre børn med et 'hva' så der?' og en hånd oppe til high five.

Nu er der lige det med Bob, at hans koordinationsevne ikke er specielt god – og selvom han da ramte et par hænder, så lykkes det ham også at uddele mindst en lussing, inden han fortrak.

Og siden dengang havde han været fornemt adgang til skolegården – ikke bare af ungerne, skolelederen så også helst, at han for en tid holdt sig lidt på afstand og i øvrigt gearede lidt ned for attituden.

Selvom han således ikke eskorterede ungerne ind i skolen, så endte det alligevel med, at han først forlod Durup efter kl. 8.

Mens Bob drog afsted mod Viborg, begyndte Bertha at røre på sig. Hun vendte sig nemlig dovent om på den anden side og sov videre.

Hen ad klokken 10 begyndte det at gøre for ondt i ryggen for Bertha at blive liggende i sengen. Derfor var der ingen anden udvej end at stå op.

Hun strakte sig og væltede bogstaveligt talt ud af sengen. Og mens hun lå nede på gulvet og rodede rundt, kunne hun se, at der trængte gevaldigt til en støvsugning. Hun skulle derfor huske at minde Bob om at opgradere rengøringen.

Bertha havde meget hun skulle nå i dag. Hun skulle både skrive en tekst til et magasin og så skulle hun handle ind i Brugsen.

Skyndsomt vraltede hun ud på badeværelset og gjorde sig i stand. Dernæst drak hun en kop kaffe og skrev indkøbslisten.

Så var det ellers afsted til Brugsen – som lå et stenkast fra deres hus', Antonsen holdt en kort pause og så en anelse listig ud, idet han fortsatte.

'Faktisk præcist et stenkast.

Ja, det var jo et uheld, men Bob og Bertha havde diskuteret behovet for at anvende automobilen.

Bob mente, at det var unødvendigt at anvende automobilen, da 'Brugsen kun er et stenkast herfra'. Bertha mente ikke, at Bob kunne kaste så langt – og ej heller, at det var forsvarligt for hende at gå med alle de varer hun sædvanligvis slæbte på.

Og således gik det til, at Bob tog en sten og kastede den i retning af Brugsen for at demonstrere sin pointe. Han fik ret og fik samtidig en regning på en smadret butiksrude.

Og Bertha? Ja, hun fik sin vilje og fortsatte med at køre, da det jo var alt for farligt at gå med alle de stenkastere i kvarteret.

Velankommet nede i Brugsen kastede Bertha sig straks over kølemontren med slagterens specialiteter.

Til sin skræk opdagede hun, at der ikke var mere skinkesalat. Der hang dog en personlig besked om, at hun skulle kontakte uddeleren. Så der var sikkert forsyninger på vej.

På sin tur ned gennem den ganske velforsynede brugs, mødte hun Hanne, der var involveret i årets dilletant forestilling.

Hvor meget kender du til dilletant?', spurgte Antonsen.

Drengen kendte ikke rigtig noget til det.

'Ser du. Ordet dilletant har de senere år fået en negativ klang. Men i bund og grund handler det om, at en gruppe glade amatørskuespillere lægger en masse frivillige timer i at øve og senere fremføre et teaterstykke til glæde for borgere i byen.

Og nu hvor jeg kommer til at tænke over det, har amatørskuespiller da vist også fået en negativ klang.

Nå, men pointen er, at dilletant forestillingen i Durup er fast tilbagevendende og i øvrigt ganske underholdende. Jeg har endog selv deltaget i truppen for nogle år tilbage – og det tilmed i en ganske vovet scene, som du nok vil betakke dig for at høre nærmere om.

Men nu tilbage til historien.

Hanne spørger så Bertha om ikke hun vil bede Bob om at stille op til årets forestilling – for de mangler lige sådan en køn ung mand.

Bertha bliver lidt overrasket over, at hendes stærkt grånende, unaturligt tynde og lettede rynkede Bob skulle gå for at være en 'køn ung mand'. Derfor vil hun godt lige have bekræftet, at det var den samme Bob, de talte om.

Det bekræfter Hanne så, hvorefter Bertha på Bobs vegne på det bestemteste afviser grundet travlhed.

Der var aldeles ikke andre end hende, der skulle kigge lystent på Bob!, tænkte hun'.

'Bedstefar!'.

'Jamen det var det, hun tænkte!', sagde Antonsen og slog undskyldende ud med armene.

'Bertha fik læsset alle varerne på den omfangsrige liste op i vognen og bevægede sig mod kassen. Her fik hun udleveret det kilo skinkesalat, som slagteren i Durup havde specialfremstillet til hende.

Således udstyret med alle livets nødvendigheder fik hun betalt og læsset bilen, hvorefter hun kom i tanke om, at hun skulle forbi Flügger – det var på tide, at det dovne rad til mand fik gang i malerkosten!

Hun kørte derfor de få minutter ud til butikken i udkanten af byen og fik bestilt maling og pensler, så Bob kunne komme i gang, i stedet for at sidde på sofaen hele aftenen og glo fjernsyn!

Mens hun var derude fik hun også kigget på køkkener – hun var træt af deres nuværende køkken, som fulgte med huset, da de flyttede for et par år siden.

Hun var også træt af at høre Bobs undskyldninger såsom, at det var alt for dyrt, at køkkenet var fra 2010 og andre dumsmarte argumenter. Hun trængte til et nyt og det måtte Bob altså kunne forstå!

Heldigvis for Bobs pengepung havde Bertha endnu ikke lagt sig helt fast på, hvilken model hun ønskede. Hendes favorit inkluderede et ekstrastort amerikansk køleskab – denne model krævede dog et ombygning eller et større hus, hvorfor hun også holdt lidt øje med huse til salg i området.

På vejen hjem kørte hun forbi bageren, som i dag havde tilbud på romkugler. Få minutter senere var hun udstyret med 6 romkugler og 2 kanelsnegle. Sammen med de 500 gram bland selv slik fra Brugsen skulle hun nok kunne klare sig igennem til kl. 21.

Da hun var returneret sikkert i privaten, spiste hun sig en god portion skinkesalat samt de første 3 romkugler – så var det blevet tid til tekstopgaven.

-

I Viborg sad Bob lykkeligt uvidende om, at han skulle hjem og male. Han nød sit job og måtte med skam indrømme, at det ladede ham op, at han kom lidt væk fra familien. Tidligere var han tilmed på forretningsrejse i ny og næ, men det kunne ikke rigtigt lade sig gøre mere efter, at der var kommet 4 unger. De havde ellers forsøgt sig med en au pair, men Bertha blev så frygtelig jaloux – selv på de mindre kønne piger, ja og selv på den tyrkiske mand, de havde haft en gang. Indrømmet, Bob synes også, at ham manden var særdeles nydelig.

'Bedstefar!'.

'Jamen, der skete jo ikke noget!

Nå, men herefter havde de i nogenlunde enighed besluttet, at Bob ikke rejste før ungerne blev lidt større.

Desværre for Bob, var opgaverne mest gået i hans retning, for som Bertha så rigtigt havde påpeget, var hun jo selvstændig og var nødsaget til at fokusere på sin forretning.

Derfor måtte han svinge kost og spand i weekenden og sådan efter behov på hverdage. Bertha tog sig så af vasketøj, indkøb og madlavning – sådan da.

I dag skulle Bob forbi et af autoværkstederne i Durup med den lånebil, han havde haft et par dage, mens hans gamle mercer var til service. Han glædede sig til at komme tilbage til den høje og ganske komfortable Vito – og ikke mindst slippe for denne øse, der havde fået sænket undervognen så meget, at den skovlede mindst en halv kubikmeter grus, hver gang den ramte indkørslen.

Hjemme i Durup var Bertha blevet færdig med teksten og temmelig træt ovenpå alt det arbejde – og al den slik, hun samtidig havde sat til livs.

Derfor tog hun sig lige en 'morfar'. Er det ikke det, I kalder det nu om dage?', spurgte Antonsen og ventede sådan set ikke på svaret, inden har fortsatte.

'Morfar, lur eller hvad det nu hedder. I drømmeland var Bertha de næste par timer, inden hun så småt skulle gøre sig klar til at modtage de store unger.

De var heldigvis blevet så store nu, at de selv fandt vejen hjem og også selv kunne forsyne sig med eftermiddags-maden. Derfor bestod hendes klargøring mest af, at hun selv var færdig med dagens gøremål, så hun kunne være lidt sammen med de store, inden hun skulle hente de yngste.

Dagens gøremål bestod mestendels af sammenlægning af den store tøjbunke, der havde hobet sig op de sidste par dage. Hun gik derfor ud i vaskerummet, sukkede dybt og returnerede til computeren – der var heldigvis kommet en kommentar til hendes arbejde. Derfor måtte hun endnu en dag droppe sammenlægningen og fokusere på arbejdet.

Lidt senere var drengene kommet hjem og de sad nu alle tre og talte om skoledagen, som blandt andet involverede en tur i Durup Svømmehal og besøg på den lokale brandstation.

Lidt senere havde Bertha hjemtaget de yngste tvillinger og også Bob og merceren var kommet hjem.

Bertha meddelte Bob, at hun grundet travlhed var løbet tør for energi, og at de derfor måtte bestille mad på pizzeriaet. Bob kunne godt ønske sig, at de spiste lidt mindre grillmad – ikke kun af hensyn til pengepungen, men også grundet sundhed. Men i øjeblikket gav han bare Bertha ret, det havde han de bedste erfaringer med.

Den anden kamp måtte han tage senere.

I øvrigt forlyder det, at pizzamanden blev lukningstruet, da familien nogle år senere valgte at skære ned på grillmaden. Men måske er det bare en skrøne.

Det sidste jeg vil fortælle om familien er, at de efter aftensmaden skulle til forskellige fritidssysler: Pigerne til gymnastik, Hjalte til svømning og Malthe til boksning. Jo, der var et bredt udvalg for dem alle – og det tilmed alt sammen på Durupegnen.

'Hvad så med Bob og Bertha?', spurgte drengen.

'Bob blev sat til at male – under store protester i øvrigt. Protesterne var vel at mærke fra Bertha, som ikke mente, at han gjorde det godt nok.

Hun stoppede dog sin overvågning, da han truede med at nedlægge arbejdet og overlade det til hende.

Hvorvidt Bertha blev tilfreds med resultatet er uvist, men malet blev der denne aften og dermed lakkede en typisk dag i familiens liv mod enden og en ny dag truede i horisonten.

Snip, snap snude – så får du ikke mere for den 25 øre, for jeg er snart tømt for såvel ork som historier.

Endegyldigt slut eller kun lige begyndt?

'Inden jeg slipper dig løs i Durup igen, vil jeg godt lige tilbage til byfornyelsesprojektet. For der blev nemlig beskrevet noget så fornemt som en vision for Durup. Visionen står at læse i den brochure man fremstillede i forbindelse med opstart af byfornyelsen, og den lyder således', begyndte Antonsen og hev en A4-side frem, hvor et afsnit var markeret med gult.

'Durup planlægges med henblik på fortsat at kunne være et levedygtigt bysamfund med gode vilkår for erhvervsvirksomheder og gode tilbud inden for både den offentlige og den private service.

Byen skal have gode og varierede boligtilbud, der kan appellere til alle alders- og indtægtsgrupper. Byen skal fremstå ren og venlig med velholdte huse, organiseret infrastruktur med ordnede parkeringsforhold, indbydende grønne og rekreative områder samt gode rammer for forenings- og sportslivet.

Byen skal fremstå attraktiv på alle måder, og derved blive interessant som bosætningsby for tilflyttere. Der skal derfor planlægges gode bolig- og fritidsaktiviteter sammenholdt af en god infrastruktur og med indbydende grønne og rekreative områder', Antonsen holdt en kort vejrtrækningspause.

'Jeg skal henlede din opmærksomhed på, at der med 'Byen' menes Durup. Og det er jo fortsat en vældig fin vision at arbejde efter. Ikke mindst når vi lægger til, at den nye ambition er at gøre Durup til 'Børnenes by'. Det er et projekt, som jeg skal op på Rådhuset og høre mere om i aften.

'Hvad skal sådan en gammel særling dog til et arrangement om 'Børnenes by'?', tænker du jo nok, min dreng. Årsagen er den simple, at jeg rigtig gerne vil bidrage til udviklingen af Durup, som jeg gennem mange år er kommet til at holde rigtig meget af – ja næsten at elske!

Vi kan jo faktisk selv vælge om vi vil sætte os hen i et hjørne og klage vores nød over, at der ikke længere er cigarforretning, barber, motorcykelforhandler, varehus, urmager, EL-forretning m.v. Eller vi kan glæde os over, at Durup har dagligvarebutik, blomsterhandler, catering, farve- og køkkenforhandler, masser af andre virksomheder, et rigt foreningsliv og tilmed både skole og børnehave.

Vi kan også sidde derovre i hjørnet og tude over, at Durup ikke længere er en industriby med hundredevis af arbejdspladser. Eller vi kan glæde os over, at Durup rummer alle muligheder for at blive en særdeles attraktiv bosætningsby med masser af ressourcestærke indbyggere', Antonsen hev lidt efter vejret, som var svært at trække under så stor en dundertale.

'Samtidig er jeg jo fortsat en barnlig sjæl inderst inde, selvom dåbsattesten er blevet noget flosset i kanterne. Derfor skal jeg da høre lidt mere om temaet', sluttede

Antonsen, da han atter havde opnået fuld kontrol over vejrtrækningen.

Nu var historietimen forbi for denne gang og det var tid til at komme videre. Drengen skulle hjem igen og Antonsen til at begynde at gøre sig klar til aftenens møde – det var en længere proces, altså klargøringen, som både indebar et måltid mad, en lur, et tøjskifte samt påsmøring af diverse cremer og duftevand, så han kunne tage sig ud fra sin bedste side. For det kunne jo være, at Inger kom med til mødet.

Gjorde de virkelig det?

Om modstand mod forandring

Som med al anden nymodens teknologi, var der også en arg modstand flere steder mod Sallingbanens indtog.

En mand fra Durupegnen, nærmere bestemt Aasted, skal have sagt, at når Vorherre har givet en mand to ben til at gå med, så er det nok ikke meningen, at man skal køre rundt med 'æ tog'.

Om at være ildsjæl

Da Durup Sparekasses første kasserer Gudkjær Espersen døde i 1919 havde han arbejdet gratis siden sparekassens etablering i 1916.

Selvom det i sagens natur ikke var et fuldtidsjob, da sparekassen kun var åben 2 timer ugentligt, så var kassererens indsats særdeles vigtig.

Derfor besluttede bestyrelsen for Durup Sparekasse at give en krans til hans begravelse som en påskønnelse af hans indsats som kasserer.

Om at spise brød til

I Durup-Tøndering Kommunes fattiggård fandtes et bespisningsreglement for fattiglemmerne. Man kan næsten se for sig, at hvis ikke reglementet fandtes, ville lemmerne æde rub og stup, idet der dengang kunne være langt imellem, at fattigfolk fik føde.

Det var i slutningen af 1800-tallet meget præcist beskrevet dag for dag, hvad der blev serveret. Eksempelvis kunne lemmerne om lørdagen til middagsmaden mæske sig i først mælke- eller øllebrød (en pot til hver) og dernæst opstuvede kartofler eller anden opstuvet rodfrugt tilsat en passende mængde kød, flæsk eller fisk (en halv pot til hver). Til middagsmaden blev der hver dag serveret det fornødne brød.

Sidder du og undrer dig over, hvor meget en pot er? Så er svaret lige knap en liter.

Om at vige udenom

I 1835 til 1854 var August F. Hornemann præst i Durup Kirke. Han kunne efter sigende mane spøgelser i jorden. Men det er nu ikke derfor denne anekdote er med.

Det var nemlig sådan, at tårnet på Durup Kirkes vestside havde fået en bule. Og præsten var overbevist om, at tårnet havde til hensigt at styrte ned over ham, når han gik forbi.

Derfor gik han altid i en stor bue udenom, når han passerede tårnet.

I øvrigt nåede tårnet ikke at vælte, inden det mange år senere blev raget ned i forbindelse med udvidelse af kirken.

Om fartglæde i lavt gear

Omkring år 1903 kom sønnen af Durup Tømmerhandels stifter i besiddelse af en cykel.

Et sådant køretøj var ikke noget helt sædvanligt syn i Durup på denne tid og hans kørsel vakte derfor nogen bekymring.

Det var endog så galt, at folk betragtede hans kørsel som livsfarlig, når han kom cyklende gennem byen i fuld fart – dog vides ikke med sikkerhed, hvad fuld fart var i Durup på denne tid, men det var jo nok hurtigere end friskt trav på gåben.

Om at tilpasse sig

I 1995 åbnede Børnegården.

Dengang var der en harvet, men aldeles tom gårdplads. Børnehaveleder Ejner Kristensen fortæller i et interview til Skive Folkeblad den 2. maj 2015, at børnene de første dage tilbage i 1995 blev ret glade for at lege med sten.

Om at følge med

Durups forsyningsvirksomheder nød godt af Kresten Kristensen, i folkemunde kaldt 'Kræn Lysmand'.

Han startede i Durup Elektricitetsværk i 1930 og fulgte 'automatisk' med over til Durup Fjernvarme, da dette overtog elektricitetsværket.

Sideløbende havde han også i mange år tjansen som bestyrer af Durup Vandværk.

I alt blev det til 43 år som forsyningsmand i Durups tjeneste.

Om at prutte med prisen

Durup Elektricitetsværk blev etableret som et interessentskab. Men en stram økonomi og tilbagevendende underskud nødvendiggjorde en selskabsform, hvor brugerne også blev ejere – man ville derfor omdanne til andelsselskab.

I 1917 ville bestyrelsen have 22.000, hvilket brugerne nægtede. I 1919 endte brugerne med at betale 36.000 efter at have modtaget et købstilbud på 43.000.

Om at være afhængig

Allerede i 1950'erne var der snak om at indstille Sallingbanen, grundet manglende økonomi.

I den forbindelse blev forretningsdrivende i Durup i 1954 spurgt til deres holdning. Og ikke overraskende var de imod en nedlæggelse:

'Vi har i sin tid bygget vore hjem og virksomheder op i Durup i tillid til DSB, siger man, og vi er skabte af DSB. Vi kan ikke bestå, dersom vore transportforhold skal ordnes med biler, og vi bliver så nødt til at flytte til den nærmeste by med jernbaneforbindelse, hvilket vil medføre, at medarbejdere og pårørende må flytte med og man når da, foruden en uhelbredelig mistillid til DSB i fremtiden, at se flugten fra land til by fremmet'.

Kilde: Skive-Nordsalling. Jernbanebladet 1954, nr. 3, side 75.

Man kunne således allerede i 1950'erne skrive enormt lange sætninger og bekymre sig voldsomt om vandringen fra land til by.

Durup havde i øvrigt dengang små 750 indbyggere, hvilket er ca. 150 færre end i 2015.

Om ustoppelig iværksættertrang

Svend Skipper var en af møbelproducenterne, der etablerede sig i Durup i 1950'erne.

Han havde i mange år sin virksomhed, som han solgte for få år tilbage – for så at købe den igen, da der var udsigt til, at den ikke skulle videreføres.

I sidste ende afhændede Skipper dog sin virksomhed. Men det ændrede ikke en tøddel på erhvervsmandens iværksættertrang.

Svend Skipper er flere steder citeret for at sige, at han havde alle planer klar til at starte forfra med ny møbelvirksomhed – indtil han fra flere sider blev gjort opmærksom på, at dåbsattesten ikke længere var af helt så frisk dato.

Han besluttede sig derfor til at lade andre om at være iværksættere og i stedet nyde sit otium.

Men efter sigende kløer det fortsat voldsomt i hans iværksætterfingre derude på 'Cecilievej'.

Om 15 ører, der bliver til en hel tømmergård

Omkring 1887 havde snedker Niels Kristian Jensen fået sit 3. barn. Derfor gik han til sin daværende arbejdsgiver og bad om en lønforhøjelse fra 35 ører til 50 ører i timen.

Lønforhøjelsen blev aldrig til noget.

Det gjorde til gengæld Durup Tømmerhandel, hvortil grunden blev lagt, da lønforhøjelsen blev afslået. For 13. december 1887 fik Niels Kristian Jensen næringsbevis på sin egen tømrervirksomhed. Og det blev starten på en succesrig forretning, som 12 år senere blev til Durup Tømmerhandel.

Om at hedde det rigtige

Stedet, hvor Durup Station i sin tid blev placeret, hed Toustrup. Men DSB havde allerede en station med det navn. Derfor tog man et af de tre sognes navn. Og således kom Durup til at hedde Durup og ikke Toustrup.

Om alternativ brug af smør

I tiden før andelsmejeriernes indtog i Danmark, var smør af en noget anden kvalitet. Faktisk så meget anderledes, at eksporteret smør til England skulle været blevet anvendt til at smøre skibsmaster med.

Hvorvidt smør fra gårde i Durup endte på engelske skibsmaster er dog uvist.

Om en umanerligt godt nedgravet skat

I Durups børnehave, Børnegården, blev der efter sigende nedgravet en blikdåse fyldt med sølvtøj. Nedgravningen blev foretaget før børnehavens tid af en datter til gårdens forrige ejer. Og den blev foretaget så grundigt, at skatten aldrig er fundet, hverken af datteren eller af Børnegårdens eget eftersøgningshold!

Om at lege med ilden

I Durup nedbrændte stationen i 1895.

Ilden skulle være opstået på loftet, hvor nogle børn legede med tændstikker.

Om dette så førte til talemåderne 'Brændt barn skyr ilden' og 'Hvis du leger med ilden, tisser du i sengen', skal jeg lade forblive usagt.

Om at turde satse 'hele butikken'

Salig Købmand Gjedde, som var en af Durups grundlæggere, havde store ambitioner og turde bogstaveligt talt at satse hele butikken. Han blev hurtigt en velhavende mand og det var han også, da han døde. Men de færreste tænker nok på, at han undervejs nåede at gå konkurs 2 gange!

Om den sorte skole

Jeppe Aakjær fortæller om en lærer i Durup-Tøndering skole, at han vistnok var den værste bandit, der nogensinde havde forrettet degnetjeneste i kirke og skole. Læreren huserede i 1740-1756.

Samtidig var ideen om skole ikke videre populær tilbage i 1700-tallet – og i øvrigt heller ikke i 1800-tallet. For det tog tid fra børnene, som jo skulle arbejde og ikke spilde tiden med at lære en masse unødvendigt! Og så kostede skolen jo penge, hvilket ej heller øgede dens anseelse.

Om bankers modvilje i gamle dage

Da Brugsen i 1919 skulle etableres, forsøgte man sig forgæves hos bankvæsenet. Men det var ikke muligt at opnå en kassekredit - oveni de 8.000 man allerede havde lånt. I stedet fik Brugsen hjælp af en privatperson i Durup, som lånte Brugsen de 20.000, der var nødvendige for at komme godt i vej.

Om at tage ansvar

'Noget af det første Børnegårdens personalet sagde var, at jeg skulle forberede mig på, at de ikke altid vidste præcis, hvor mit barn var ved afhentning.

Det kan jo nok gøre enhver forældre en anelse nervøs. Med mindre, at man kender miljøet og ved, at ingen børn forcerer hegnet – og er der nogen, der forsøger, så vil de blive irettesat af et andet barn, hvis ikke der er en voksen indenfor synsvidde.

For børnene lærer at tage ansvar for og hånd om hinanden og sige til og fra'.

Thomas Rosenkrands 2015, tilflytter og far til fem, hvoraf de fire har benyttet Børnegården.

Lidt fakta om Durup

1150 (ca.):	Durup Kirke blev opført (romansk tid).
	Altertavlen er fra 1700-tallet, mens prædikestolen er fra perioden 1640-1650.
1740:	Fra 1740 til 1756 omtales en lærer på Durup-Tøndering Skole. Hermed kan sluttes, at skolen senest er 'etableret' i 1740, sandsynligvis som en del af eller i tilknytning til kirken.
1850 (ca.):	Durup-Tøndering Skole flyttes til Tønderingvej 23.
1881:	Lovgrundlaget for Sallingbanen mellem Skive og Glyngøre faldt på plads.
1882:	Arbejdet med anlæggelse af Sallingbanen påbegyndtes.
1884:	Jernbanen gennem Durup blev indviet. Det første driftsår blev der solgt 40.000 billetter til banens strækning.
	Købmand Niels Gjedde startede sin kro og købmandsforretning, som hurtigt udviklede sig til en større koncern med stor betydning for byens udvikling.

1887: Kimen til Durup Tømmerhandel lægges af snedker Niels Kristian Jensen, da han fik næringsbevis for sin tømrervirksomhed.

1887-88: Durup-Tøndering Skole bliver til 2, hvormed Durup får sin egen skole. Skolen etableres på den nuværende placering og der bygges ud og til i henholdsvis 1902 og 1913.

1888: Durup Præstegård etableredes på den nuværende placering.

1893: Durup Andelsmejeri åbnede.

1896: Stationsbygningen genopføres efter brand.

1899: Durup Tømmerhandel etableres af snedker Niels Kristian Jensen, som herved udvider sin eksisterende virksomhed. Durup Tømmerhandel oplevede at eksistere i hele 114 år.

1900: Produktionen hos Durup Andelsmejeri var dette år ca. 90.000 kg. smør.

1900-1930: Durup oplevede i disse år en voldsom vækst, hvilket blandt andet førte til en udvidelse af Kirken, da den var blevet for klejn til Durup. Listen med virksomheder og foreninger nedenfor er således langt fra udtømmende.

1901: Durup fik sin egen telefoncentral.

1903: Durup Tømmerhandel anlagde privatspor, så tømmeret kunne køres fra stationen og direkte hen til tømmerpladsen.

1904: Durup Forsamlingshus opførtes. Huset blev først nedlagt i forbindelse med opførelsen af Durup Hallen.

1905: Durup Elektricitetsværk oprettes. Det var i øvrigt det 10. værk udenfor købstæderne.

1908: Durup Idrætsforening oprettes.

Durup Borger- og Håndværkerforening oprettes.

Det blev omkring denne tid indlagt elektricitet i forsamlingshuset, hvorefter man kunne fremvise levende billeder, som typisk handlede om begivenheder på egnen.

1909: Sallingsundbanen solgte 140.000 billetter.

1914: Kommunen gav tilskud til gadebelysning i Durup, som således eksisterede omkring dette tidspunkt. Det er dog usikkert, præcist hvornår gadebelysningen blev indført i Durup.

1916:	Durup Sparekasse åbnede. Der var kontortid 2 timer en gang ugentligt i Durups afholdshotel. I sparekassens første regnskabsår var sparernes indskud knapt 7000, mens det i 1923 passerede 100.000 kr.
1916-17:	Sadelmager og møbelpolstrer Jacob Mortensen byggede hus med plads til møbelfabrik, der siden blev til Durup Polstermøbelfabrik. Denne fabrik opnåede inden sin lukning mange årtier senere at være Sallings ældste møbelvirksomhed.
1919:	Durup Brugsforening blev oprettet og åbnede sin første butik.
1919:	Durup Elektricitetsværk blev grundet stram økonomi og tilbagevendende underskud omdannet fra interessentskab til andelsselskab.
1919:	Missionshuset ved siden af Durup Kirke blev opført.
1928:	Durup Autoservice blev grundlagt. Familie-virksomheden drives i dag af 3. generation.
1929:	Durup Vandværk blev etableret.
1930:	Durup Andelsmejeri producerede dette år ca. 240.000 kg. smør.

1931: Durup Kirke udvides, hvilket blandt andet involverer nedrivning af det bulede kirketårn.

1931: Durup Sukkervarefabrik blev etableret. Den opnåede at blive landets største producent, der udelukkende fremstillede bolsjer. Fabrikken eksisterede frem til midten af 1970'erne.

1940: Durup Elektricitetsværk lader en vindmølle opføre med henblik på at sikre strøm under tider med knappe ressourcer.

Det vides ikke, hvor megen strøm møllen producerede. Men næppe ret meget og da den samtidig ikke var uden problemer, forsøgte man allerede 4 år senere at sælge den. Møllen blev ødelagt i en storm i 1948.

1944: Durup Borger- og Håndværkerforening tager initiativ til etablering af Durup Lystanlæg. Der arrangeres blandt andet en husstandsindsamling, hvor der stables 13.230 kr. på benene. 2 år senere etableres Foreningen Durup Lystanlæg. Foreningen må dog i 1962 opgive at drive anlægget, hvorefter det overtages af kommunen.

1945: Durup modtager sin andel af tyske flygtninge – og huser dem frem til årets udgang.

1947:	Korn- og foderstof virksomheden Axel Toft A/S grundlægges af Axel Toft.
1954:	Stationsbygningen blev udvidet.
1954:	Durup havde 737 indbyggere.
1950 (ca.):	Durup Sparekasse flyttede i daværende kommunekontors lokaler efter at have holdt til i først Afholdshotellet og siden afholdshotellets ejers lejlighed.
1950'erne:	Mange møbelfabrikker eksisterede i Durup, blandt andre: Skippers Møbler, Durup Møbelstelfabrik v/Magnus Olesen, Karl Plejdrup Møbelstelfabrik, Durup Møbelsnedkeri og Stolestelfabrik v/Søren Ladefoged, Aktieselskabet Durup Polstermøbelfabrik.
1959:	Sallingsundbanen solgte 90.000 billetter.
1960:	Durup Andelsmejeri producerede dette år ca. 369.000 kg. smør og ca. 240.000 kg ost.
1963:	Sallinghallen skulle opføres. Durup meldte sig, som resten af Sallings største byer, på banen som hjemsted for hallen. Slaget kom dog hurtigt til at stå mellem Roslev og Jebjerg.

1963: Durup Fjernvarme bliver etableret og overtager Durup Elektricitetsværk. Durup Fjernvarme har ved etableringen 90 brugere. Dette antal er efter de første 50 år steget til 408.

1968: Durup Idrætshal blev opført.

1970: Kommunalreformen gjorde Durup til hovedsæde i Sallingsund Kommune.

1970: Durup Andelsmejeri blev en del af Skiveegnens Mejeriselskab. 6 år senere producerede mejeriet i Durup kun ost.

1970: Durup Sparekasse købte de lokaler, som de havde lejet de sidste ca. 20 år. Allerede året efter ombyggede og udvidede sparekassen disse bygninger.

1971: Durup Brugsforening og Tøndering Brugsforening blev lagt sammen og brugsen åbnede butik i nye lokaler på den nuværende placering.

1971: Persontrafikken blev indstillet på Sallingsundbanen. Godstrafikken fortsatte endnu nogle år.

1974: Durup Svømmehal blev opført.

1979: Der var en eksplosion i Alex Tofts gamle silo. Eksplosionen fik siloens tonstunge betonlåg til at lette på sig og gav samtidig 3 personer forbrændinger. Eksplosionen fremskyndte desuden flytningen, der allerede var påbegyndt, til den nuværende placering.

1980: Durup Sparekasse byggede nye lokaler på torvet 4.

1982: 1.865.000 kg. ost. Så stor var produktionen blevet på Durup Andelsmejeri.

1986: Naturstien mellem Glyngøre og Skive blev etableret på den gamle Sallingsundbane. Naturstien går gennem Durup og følger næsten hele vejen mellem Glyngøre og Skive det gamle jernbanespor.

1988: Skiveegnens Andelsmejeri, og dermed mejeriet i Durup, blev en del af Mejeriselskabet Danmark. Hermed blev produktion af mejeriprodukter yderligere koncentreret og 12 år senere var det slut for mejeriet i Durup.

1995: Axel Toft A/S opnår en omsætning på 300 mio.

1995: Durup får sin egen og helt unikke børnehave, 'Børnegården' med plads til både en masse dyr og 44 glade børn.

20 år senere er der fortsat masser af dyr og endnu flere glade børn. I juni 2015 var der således 64 børn – de 20 var på vej som 0. klasse i Durup Skole.

1996: Durup Fjernvarme får eget naturgasfyret kraftvarmeværk.

1997: Durup Sparekasse køber nabogrunden og udvider sparekassebygningen.

2000: KFK køber Axel Toft A/S. Dog således, at Toft Care Systems forbliver i familiens eje. Toft Care Systems flytter 2 år senere til Harre, hvorfra virksomheden også drives i dag.

2006: Durup Sparekasse lægges sammen med Morsø Sparekasse. I denne forbindelse etableres Durup Sparekasse Fonden.

2007: Med kommunalreformen i 2007 blev Sallingsund Kommune, der havde Durup som hovedsæde, en del af Skive Kommune.

2007: 'Durup og omegn – forny din by' blev etableret og et byfornyelsesprojekt blev skudt i gang sammen med Skive Kommune og Durup Sparekasse Fonden. I projektperioden er det blandt andet blevet til følgende:

Nedrivning af tomt mejeri og etablering af multibane på grunden.

Blotlægning af Durup Å og anlæggelse af stisystem i forbindelse hermed.

Nedrivning af faldefærdige huse og etablering af rekreative områder m.v.

Etablering af omfartsvej.

Udarbejdelse af lokalplan for hovedgaden.

2010: Axel Toft blev en del af DLG koncernen. Senere fik Durup-virksomheden navnet DLG Ingredients, men går den dag i dag i folkemunde fortsat under navnet 'Axel Toft'.

2014: Erhvervsnetværket Vækst i Durup etableres.

2015: Afslutning på byfornyelsesprojektet markeres. Det samlede budget for alle relaterede aktiviteter skønnes at være over 20 mio.

Byfornyelsen er dog ikke ovre. 'Durup og omegn - forny din by' fortsætter aktiviteterne. Og ambitionen er klar: Durup skal være børnenes by.

2015: Durup havde 906 indbyggere.

Ca. samme antal medlemmer havde Durup Idræts Forening.

Litteraturliste og kildehenvisninger

Skive-Nordsallingbanen. Jernbanebladet 1954, nr. 3.

Skiveegnens Jul: 1980, 1982, 1983, 1996, 1997, 2000. Udgivet i december de respektive år af arkiverne på Skiveegnen.

Otto Veiles notater om Durup. Blandt andet tilgængelige på www.durupby.dk.

125 år på Skiveegnen – byen, egnen og Salling Bank 1876-2001. Jubilæumsskrift udgivet af Salling Bank 2001.

Nyere interview på DVD med Jens Dalgaard. Udlånt af Jens Dalgaard.

Samtale med Otto Veile, borger i Durup. 2014.

Samtale med Jens Dalgaard, borger i Durup. 2014.

Samtale med Elly Præst, borger i Durup. 2014.

Samtale med Gunnar Mortensen, borger i Durup. 2015.

Samtale med Frits Larsen. Opvokset i Durup. 2015.

Områdefornyelse i Durup – program. Udarbejdet af sbs byfornyelse i samarbejde med Skive Kommune, v/Teknisk Forvaltning. 2009.

Områdefornyelse i Durup 2008-2015. Udgivet af Teknisk Forvaltning, Skive Kommune. 2015.

Kommuneplan 2009-2021. Hæfte 5, Nordsalling. Udgivet af Skive Kommune. 2009.

www.business.dk. Diverse artikler om møbelindustrien. 2003-2004.

www.wood-supply.dk. Artikel om møbelbæltet. 22. september 2014.

Landsplansredegørelse 2006. Udgivet af Naturstyrelsen. 2006.

Skive Folkeblad den 2. maj, side 21. 2015.

Diverse hjemmesider, herunder Børnegårdens, Durup Autoservices, Toft Care Systems' og Museum Sallings.

Sallingsund Lokalhistoriske arkiv.